AF346896

ANDRÉ FLORENT

Mon Courtil

EDITIONS DU CAPITOLE

PARIS -:- 44, RUE SAINT-PLACIDE, 44 -:- PARIS

Mon Courtil

ANDRÉ FLORENT

Mon Courtil

EDITIONS DU CAPITOLE

PARIS -:- 44, RUE SAINT-PLACIDE, 44 -:- PARIS

Il a été tiré de cet ouvrage :

6 exemplaires sur papier du JAPON
numérotés à la presse
de 1 à 6

20 exemplaires sur papier pur fil LAFUMA
numérotés à la presse
de 1 à 20

L'Edition originale a été tirée
à 600 exemplaires

AVANT-PROPOS

— *Est-ce que vous faites des livres?*

— *J'en ai commencé quelques-uns, mais le temps m'a manqué pour les finir.*

Tel est le dialogue qui eut lieu entre Edmond About et Maître Pierre [1].

Ce n'est pas sans confusion que je cherche en cette boutade du grand romancier une excuse pour moi-même, n'ayant pu encore atteindre au mot « fin » qui figure au bas de la plupart des ouvrages.

Ce sentiment de l'inachevé me saisit tout particulièrement lorsque j'eus donné le « bon à tirer » de mon essai sur l'histoire d'une famille [2]. *Je constatais bientôt que j'avais les éléments de nouveaux chapitres dont je suis redevable, en partie, aux cor-*

[1] *Maître Pierre*, roman par Edmond About (Paris, Hachette, 1858).

[2] Perrenot Le Chamberlant. (Paris, Haberschill et Sergent, 1925.)

respondants qui ont bien voulu s'intéresser à mes pages consacrées aux recherches généalogiques et au culte du passé. Comme mes nouveaux documents complétaient mon étude sur plusieurs points, il me fallut tenter une suite de ce que j'avais déjà publié.

Pourtant, telle n'était pas mon intention première : j'avais clos mon livre par des souvenirs d'enfance; mes goûts et les encouragements de mes amis m'engageaient à progresser dans cette voie.

Il m'a semblé qu'il serait naturel de joindre à ces souvenirs les nouvelles pages écrites au cours de mes périgrinations généalogiques. Les uns et les autres appartiennent au même passé. Notre histoire et celle de nos aïeux répondent au même effort pour fixer de nous ce qui n'est plus en prolongeant cet effort vers l'extrême limite des temps.

J'ai eu pour dessein de réunir en ce Courtil les souvenirs d'antan à ceux de mes plus jeunes années.

Je n'ai cherché, à travers mes premiers émois, que notre Enfance à tous, son étonnement perpétuel, sa fraîcheur de sensations et de sentiments, sa foi candide en un prodigieux univers, sa poésie.

Cette partie de mon livre n'est qu'un écho

de l'hommage séculaire dont le plus bel exemple me paraît être la scène féerique de la Nativité. C'est Noël. Dans un coin obscur et silencieux de l'église, une grotte profonde s'entr'ouvre, pleine de la clarté vibrante des cierges. Des fronts prosternés se détachent sur cette auréole lumineuse : humbles fronts de femmes du peuple, couverts d'un voile, suivant l'antique tradition de l'Orante, têtes bouclées d'enfants émerveillés. Le centre de toute cette gloire est une crèche de paille où le divin nouveau-né ouvre ses bras.

Oui, c'est bien un hommage à l'enfance, à l'éternelle rénovation de l'univers, qu'il faut voir dans ce symbole. C'est bien un tel idéal que tant d'écrivains et d'artistes ont magnifié dans leurs œuvres. Tous prolongent à l'infini le cortège de ces Mages venus d'Orient, guidés par l'étoile, pour offrir leurs présents à l'Enfant Rédempteur.

A mon tour, j'ai voulu éveiller les flammes scintillantes de mes premiers souvenirs devant la crèche de l'Enfance.

A. F.

A HENRY BORDEAUX

de l'Académie Française

hommage respectueux.

I

RÉCITS GÉNÉALOGIQUES

COUSINE FLORE

C'est la fin de l'été. La nature est dans toute sa force et sa plénitude. Cependant, quelques teintes rousses aux arbres, un air plus frais, un ciel déjà pathétique où passent de grands nuages blancs qui voilent parfois le soleil nous rappellent que le déclin est proche. Je ne sais quels spasmes de tristesse et d'anxiété étreignent notre cœur, que dissipent encore quelques subits et durs rayons de lumière qui nous transpercent comme des flèches d'or.

Une, deux; une, deux... Pour sortir de Liancourt par la rue des Arts-et-Métiers, il faut grimper raide. En vérité, ce ne sont que logis ouvriers, et grands murs tristes de jardin. Mais tout cela est dans un bouquet de feuillage un peu sombre qui fait oublier le plâtre et la pierre.

Une, deux; une, deux... Voici le faîte de la côte, le monument à la mémoire du duc de La Rochefoucauld, le quadrilatère de la ferme des Arts et Métiers, avec ses hautes murailles de pierres sèches et grisâtres, ses toits de tuiles. Puis, voici la route toute droite, toute blanche, qui conduit à Catenoy, entre de larges champs moissonnés, piqués de quelques bosquets de verdure et encadrés, à l'horizon, par des bois.

Une, deux; une, deux... De Liancourt à La Bruyère, il faut compter six bons kilomètres. Au quatrième, la route fait un coude, à gauche, vers Catenoy. A cet endroit, un petit bois où prend naissance un chemin en lacets, descend à flanc de coteau, vers La Bruyère. A l'orée du bois, un poteau discret indique : La Bruyère, 2 kil. 100.

Je m'engage dans le chemin champêtre, entre les taillis. Un parfum de terroir emplit mes poumons. Une bouffée d'émotion monte brusquement de mon cœur. Le village de mes ancêtres : Flourent, Nicolas, François, est tout près. Ils sont passés par là, j'en suis certain, il y a deux et trois siècles. Leur petit-fils y revient aujourd'hui. Le front découvert, je pénètre en ce passé.

Comme il fait bon dans le bois. Le soleil, à travers les feuilles, fait des taches sur le chemin. Quelques cris d'oiseau, une corneille qui s'envole en croassant, un ruisselet qui s'égoutte à travers les terres lui font un poème charmant. Insensiblement, je ralentis le pas : une... deux... une... deux. Je tâche à ne pas faire de bruit, moi, citadin, pour ne pas troubler cette simple demeure. Puis, je m'assieds au bord du chemin... Je respire et j'écoute.

Sûrement, j'arriverai en retard à La Bruyère où l'on m'attend. Je repars et voici qu'au sortir du bois c'est une échappée splendide, entre les arbres espacés, sur tout le pays. Le flanc du coteau dégringole, dégringole, épaulé vers l'Ouest par de forts mamelons boisés qui s'étagent sur le ciel. En bas, au Sud, c'est la plaine de l'Oise avec de larges flaques d'eau qui décèlent les marais. Certes, on dirait un océan de verdure que vient animer la lumière de ce ciel d'automne, tragique et glorieuse.

Un peu plus loin, enfin, entre le faîte de deux arbres, sur la pente du coteau, j'aperçois le vieux clocher de La Bruyère, ses cintres romans en miniature et son toit aux deux versants de tuiles noirâtres qui ressemble à une coiffe de bonne femme. Au bas du coteau, le long de la route de Rosoy, les maisons, toutes petites, sont tapies comme une couvée de poussins.

Je quitte la route et descends à grandes enjambées par un chemin de terre qui passe en contre-bas de l'église.

Me voici dans la grande rue du village. Je laisse retomber le marteau sur la porte de bois vermoulu de la ferme vieillotte des Patin. J'entre dans la cour où les volailles éperdues s'enfuient en battant des ailes.

Mme Patin, dite cousine Flore dans le pays, est née Chambrelent. Elle est là, assise sur un tronc d'arbre en guise de banc. Elle me sourit de ses bons yeux si bleus, si clairs dans sa figure aux rides fines, toute brûlée de soleil. Malgré les ans, les yeux de cousine Flore sont restés jeunes. Ils ont cette vivacité et cette langueur que l'on observe à la fois dans l'eau des sources, et je songe au charme qu'ils durent avoir à vingt ans.

Cousine Flore raccommode un sac. Un mouchoir à carreaux couvre sa tête, les manches de son corsage sont relevées jusqu'aux coudes; elle porte, sanglés autour de la taille, une multitude de jupons qui se gonflent autour d'elle et retombent à larges plis.

Je m'assieds aussi sur le tronc d'arbre. Je prends les mains de cousine Flore. Nous causons; nous échangeons des nouvelles.

Le soleil rayonne en la courette. Il projette au mur blanchi de la petite maison l'ombre dentelée des feuilles rares d'un vieux poirier.

D'un côté, la ferme voisine surplombe d'un étage. Autrefois, les deux maisons étaient d'un seul tenant. Jadis, ce « pourpris » et le « courtil » y attenant furent habités par des Chambrelent. Une Chambrelent les occupe encore aujourd'hui. Cousine Flore et son mari sont les gardiens fidèles de très anciens souvenirs. Ils ont sorti pour moi d'une armoire de chers papiers de famille, au parchemin jauni par les ans, qui m'ont permis de reconstruire en partie l'existence des aïeux disparus.

Après avoir évoqué ce passé en compagnie de cousine Flore, je la quitte pour aller au-devant de son mari, Paul Patin, qui, à cette heure, rentre des champs.

Je n'ai pas fait dix pas sur la route, vers Sacy-le-Grand, que j'aperçois sa haute et droite silhouette. Il est arrêté et cause avec M. Dubois, secrétaire de la Mairie.

A mon approche, tous deux tournent la tête vers moi. Je reconnais la douce et bonne figure à barbe blanche de M. Dubois et cet air de finesse et de modestie empreint sur son visage [1]. En Paul Patin, je me plais à retrouver les traits accentués et énergiques de son illustre homonyme et peut-être aïeul, noble homme Guy Patin, conseiller médecin, lecteur et professeur du Roy au Col-

---

[1] Mr. Dubois a bien voulu, à ma demande, relever sur les registres paroissiaux de La Bruyère entre 1650 et 1789, les actes au nom de Chambrelent. Il les a déchiffrés et souvent interprétés avec une rare clairvoyance, malgré l'écriture confuse ou à demi effacée. (Note de l'auteur.)

lège Royal de France, et Docteur Régent en la Faculté de Médecine à Paris. Il en a le front osseux, les yeux vifs, le nez à l'arête tranchante.

Le nom de Patin est bien connu en Beauvaisis. Mᵉ Guy Patin lui-même était d'un village voisin de Beauvais. Il écrivait dans une lettre à Spon, datée du 13 juin 1644 :

« Mon lieu natal est un Village à trois lieues de Beauvais en Picardie, nommé Houdan, troisième Baronnie de la Comté de Clermont en Beauvaisis.

« Le plus ancien de ma race, que j'aye pû découvrir, a été un Noël Patin, qui vivoit dans la même Parroisse, il y a plus de 300 ans, duquel la famille a duré jusques à moi : de ces descendans quelques-uns se sont retirez dans les Villes et y ont été Notaires à Beauvais, et Marchands Drapiers à Paris; d'autres ont porté les armes, d'autres sont demeurez aux champs [1]. »

Il me faut également citer Dom Nicolas Patin, docteur ès droit, prieur claustral de l'abbaye de Saint-Lucien. Il fit transport

---

[1] *Guy Patin*, par Pierre Pic. (Paris, G. Steinheil, éditeur 1911.)

au déclin de ses jours, le 24 février 1624, au profit des religieux de Saint-Lucien, d'une rente de 10 livres tournois lui appartenant, à prendre sur les biens de Claude et Nicolas Régnier, vignerons, demeurant à Villers-Saint-Lucien. Entre autres clauses de ce testament, Nicolas Patin demandait que son corps fut « ensépulturé en la nef de ladite église, proche le lieu où fut inhumé feu maistre Yves Cuisinier, vivant prieur de ladite abbaye », le testateur déclarant ne pouvoir signer « pour sa débilité et foiblesse » [1].

Paul Patin est de ceux « demeurez aux champs ». Malgré sa haute ascendance probable, il tire une brouette, car il se plaît encore, bien que parvenu à l'aisance et à la retraite, à cultiver la terre des aïeux. Ce tableau évoque en mon esprit les lignes écrites par Restif de la Bretonne, en 1780 :

« Combien, parmi les paysans, serfs autrefois, vassaux aujourd'hui de riches abbayes, ne s'en trouve-t-il pas qui sont les fils des seigneurs francs, lesquels se tondi-

---

[1] Archives de l'Oise : H. 980.

rent et se donnèrent pour esclaves, eux et leurs familles, aux moines qui leur persuadaient que le monde finirait en 1000, et que c'était un moyen sûr de gagner le ciel pour eux et pour leur postérité [1] » Ainsi les plus humbles familles se rattachent aux plus illustres, et toutes sont d'origine modeste. On ne répétera jamais assez ces vérités qui devraient faire tomber bien des préjugés et dans lesquelles nous devrions puiser notre force et notre fierté.

Les Patin sont alliés de longue date aux Chambrelent. Le 5 juillet 1785, Françoise-Philippine Sallentin, femme de mon aïeul M⁰ François Chambrelent, procureur à Senlis [2], fut marraine au baptême de Charles-François-Fiacre Patin. Deux ans et demi plus tard, le 22 janvier 1788, Louise-Philippine Mazille, petite-fille de Nicolas Chambrelent, vigneron à La Bruyère et père de François, épousait Louis Patin. M⁰ François Chambrelent, oncle de la mariée, était témoin à la cérémonie.

---

[1] Restif de la Bretonne : *La Vie de Mon Père.* (Louis Michaud, Editeur à Paris.)
[2] Voir *in fine*, tableaux généalogiques.

Comme je l'ai dit plus haut, Paul Patin a de même épousé une Chambrelent. C'est donc avec un grand plaisir que je retrouve en lui le représentant d'une vieille et solide parenté.

L'après-midi, après avoir déjeuné au village, en famille, je vais visiter deux anciennes maisons, sises à flanc de coteau, au-dessus de l'église. Elles firent l'objet de baux à rente dont les preneurs furent mon aïeul Nicolas Chambrelent le jeune, dit Colin, vigneron à La Bruyère, et sa femme Marie-Louise Damien. Ces baux ont été passés le 24 octobre 1734 [1] « par devant Claude-Antoine Raimbault et Jacques Rieul Lequay, notaires royaux au bailliage de Senlis, y résidens. » Le mandataire du bailleur fut M⁰ Nicolas Regnard, procureur audit bailliage, agissant au nom et comme chargé de la régie des revenus temporels du prieuré de Saint Nicolas Dacy-les-Senlis, « pour Messire Jean-Paul Bignon, doyen du Con-

---

[1] Archives de l'Oise : H. 2624. — Voir *in fine,* Pièces justificatives.

seil d'Etat, bibliotéquaire du Roy, prieur commandataire dudit prieuré, demeurant ordinairement à Paris à l'hôtel de la Bibliotèque, rue de Richelieu. »

L'objet du premier bail est ainsi décrit : « C'est asçavoir une maison, scize audit Labruyère, consistante en une maison basse, sellier acoté, dans laquelle est une antienne Cave, Ecurie en retour, Chambre haute au-dessus de la maison et sellier couvert en thuille, grande porte, Cour, jardin et clos derrière en terre et vigne, contenant en total trois arpens ou environ, tenant d'un côté ala grande Rue proche l'Eglise, d'un bout ala rue conduisante a Catenoix et d'autre au Sr. fauconnet. »

Suit une énumération de terres, vignes, bois et friches sis aux terroirs de Labruyère, Rosoy et Sacy.

« Et générallement tout ce qui peut appartenir audit prieuré audit terroir de La Bruyère et es Environ, dont ont jouy ou du jouir Nicolas Lobegeois et a present Charles Lobegeois, desquels héritages lesd.

Chambrelent et sa femme ont dit avoir bonne connaissance. »

A quel titre Nicolas Chambrelent le jeune, dit Colin, et sa femme, Marie-Louise Damien, prirent-ils la suite de Nicolas et Charles Lobgeois? Sans doute, au simple titre de nouveaux acquéreurs. Toutefois, la famille Lobgeois était alliée aux Chambrelent. Nicolas Lobgeois était père de Claude Lobgeois qui épousa, le 25 septembre 1703, Marie Chambrelent, sœur de Nicolas Chambrelent le jeune, dit Colin.

Le bail fut concédé « de ce jourd'hui et a toujours ». Les charges en étaient les suivantes : « acquitter les Cens, surcens...., tant envers les Seigneurs de Labruyère, Rozoy et Sacy Legrand..., faire rétablir incessamment et mettre en bon état de toutes réparations, en dedans lannée, laditte maison et lieux et icelle, ensemble les autres héritages, bien et dument entretenir, fournir et faire valloir ensorte que la rente cyaprès déclaré y soit aisément prise et perçue ».

Le prix s'élevait à « la somme de quarante livres de Surcens et rente fontierre, annuelle et perpétuelle, que lesdits pre-

neurs, solidairement comme desssus, ont promis de rendre et payer par chacun an, au
jour de Saint Martin, audit prieuré de
Saint-Nicolas, dont la première année de
payement Echera au jour de Saint Martin
d'hiver prochain ».

Il était stipulé que les maisons et héritages faisant l'objet du bail « ne pourront estre
divisés ny partagés entre les Enfans desd.
preneurs mais seront toujours possédés par
un Seul ».

Par acte du 20 avril 1735, le prix du bail
fut porté de 40 l. à 50 l. de rente [1].

Enfin, cinquante-deux ans plus tard, le
12 may 1787, à la veille de la Révolution,
un titre nouvel de ce bail fut consenti
moyennant le même prix de 50 l. à Charles Chambrelent, troisième fils de Nicolas
Chambrelent le jeune, dit Colin [1]. Ce dernier était décédé le 7 mars 1748. Ses deux
premiers fils, Antoine et Nicolas, étaient
également décédés. Antoine était mort
nouveau-né en 1718. Nicolas avait été
inhumé en 1765, après avoir fait souche

[1] Archives de l'Oise : H. 2624.

d'une nombreuse lignée d'enfants et de petits-enfants : le nombre de ses descendants à La Bruyère jusqu'en 1789 est de trente [1].

Bien que Charles fut, à l'époque, le fils aîné survivant de Nicolas Chambrelent le jeune, dit Colin, je suppose que le titre nouvel qui lui est consenti en 1787 n'est qu'une régularisation de sa part d'héritage. Son père possédait d'autres biens dans la région en maisons, vignes, bois et friches [2], qui avaient sans doute été remis en partage à ses autres enfants, notamment à son fils aîné Nicolas. Son dernier fils, mon aïeul, Me François, né en 1735, avait dû vendre tout ou partie de l'héritage paternel pour acquérir sa charge de procureur à Senlis.

La seconde maison est toute proche de la première. La description de chacune d'elles présente de telles similitudes que l'on pourrait penser qu'il s'agit d'une seule et même habitation. Cependant, les gens du pays af-

---

[1] Perrenot Le Chamberlant, chap. VI, p. 166-167.

[2] Perrenot Le Chamberlant, chap. VIII, p. 251.
(Acte original du 19 février 1744.) Voir *in fine*, Pièces justificatives.

firment, d'après les tenants et aboutissants, qu'il s'agit bien de deux immeubles distincts, mais voisins, appartenant actuellement à des propriétaires différents et qui, autrefois, faisaient partie de la même propriété.

En 1734, date d'acquisition de ces maisons, Nicolas était père de cinq enfants survivants sur huit. L'aîné était âgé de 16 ans. On comprend aisément par cela même et en raison de l'exiguïté des maisons décrites, que Nicolas ait acquis deux habitations voisines.

Il est question du second logis dans un acte du 9 janvier 1736 [1], par lequel :

« Nicolas Chambrelend le jeune, vigneron, demeurant à La Bruyère, a déclaré et reconnu tenir de Messire Henry Roger de la Rochefoucauld, Lieutenant général des armées du Roy, Marquis de Liancourt, à cause de sa terre et seigneurie de La Bruyère, les maisons et héritages qui suivent, à titre de cens et autres charges sei-

---

[1] Voir *in fine*, Acte original.

gneuriales portant Lots, Ventes, Saisines et Amende quand le cas y échet. »

La nouvelle demeure de Nicolas est ainsi décrite : « Une maison, chambre haute, étable, couverte de chaume et thuilles, cour, jardin et clos de terre contenant trois arpents ou environ, ainsi que tout le pourpris s'étend et comporte, situé audit La Bruyère, proche l'Eglise, d'un côté à la grande rüe Saint-Pierre, d'autre à la Rüe proche l'Eglize, d'un bout à la Grande Rüe et d'autre au Sieur Fauconnet. »

La propriétaire actuelle de cette maison veut bien me laisser entrer chez elle.

La demeure n'a rien que de très simple. Elle consiste en une cour flanquée à gauche d'une grange et d'un hangar où l'on peut remiser une voiture. Au fond se trouve la maison, pourvue d'un cellier.

L'hôtesse se munit d'une lampe, et me conduit dans le cellier. Elle soulève une trappe faite de quelques planches et découvre un large escalier de pierre. Nous descendons à la clarté vacillante de la lampe. Dans la pénombre, j'aperçois une vaste cave, haute et voûtée, d'environ 6 mètres de profondeur sur 3 mètres de large. Le bas des murs est constitué par des pierres semblables à des galets; de larges blocs de taille sont posés sur ce soubassement et se rejoignent en formant voûte. Celle-ci est ornée de deux arceaux de pierres taillées. Au mur sont des inscriptions creusées dans la pierre : N. 1735, que je traduis : Nicolas 1735. Des encoches semblent indiquer le montant des récoltes. Des instruments de métiers sont figurés, tels qu'on en voit en guise de signature au bas de vieux actes du pays. Vers le milieu de l'un des murs, un couloir étroit et voûté pénètre sous la colline, en serpentant et ses arceaux lui font une mystérieuse perspective. A l'extrémité de ce couloir est une salle exiguë dont le fond est comblé par des pierres entassées. Il semble bien qu'autrefois le souterrain se prolongeait.

Les vignes de La Bruyère justifiaient-elles de telles caves?

Les archives du prieuré de Saint-Nicolas-d'Acy-les-Senlis nous révèlent qu'en l'année 1554 « les vignes au terroir de La

Bruyère valent cent écus par arpent...
que les vignes de La Bruyère sont les
meilleures vignes et que le vin qu'on
y récolte est le meilleur qui soit en
tout le territoire du Beauvaisis... que les
vignes de La Bruyère seront fort utiles au
prieuré, qui n'a point de vignes, et que le
vin qu'elles produisent est fort estimé,
valant bien mieux que celui des vignobles
voisins [1] ».

Nicolas Chambrelent, propriétaire des
caves que je viens de décrire, avait large-
ment étendu son domaine dans le pays.

J'ai déjà cité les actes d'acquisition et
de déclaration des 24 octobre 1734, 9 janvier 1736 et 19 février 1744. Antérieure-
ment à ces actes, Nicolas avait acquis par
un bail à rente du 26 janvier 1733 [2], de
nombreuses parcelles de terres, bois et vignes sur le terroir de Rosoy. Les bailleurs
furent Mre Hubert Gabriel Arnauld,
Ecuyer, sieur de la Chapelle et Mre Henry

---

[1] Archives de l'Oise : H. 2587.
[2] Voir *in fine*, Pièces justificatives.

Arnauld, Ecuyer, sieur de la Bastilde, Chanoine de l'Eglise Royale de Saint-Quentin, au nom et comme fondé de procuration générale et spéciale, à l'effet des présentes, de Dam^elle Marie Ursule Arnauld de la Doüy, sa sœur.

Ces terres, bois et vignes appartenaient au « Sieur de la Chapelle et à la Dam^elle de la Doüy comme héritiers chacun pour un septième dans la succession de feu Mre Louis Rocharnauld, Ecuyer, Chevaillier de l'ordre du Roy, Gentilhomme servant de Sa Majesté, leur père ».

Le bail fut fait à la « charge de payer les cens, surcens et autres redevances seigneurialles et en outre moyennant la somme de quarante-quatre livres de rente, jusqu'au remboursement de ladite rente que lesd. preneurs, leurs hoirs et aiant cause en pourront faire, quand bon leur semblera, de la somme de huit cent quatre-vingt livres en deux payements égaux ».

Nicolas devait avoir encore d'autres biens, si l'on en juge par la cédule suivante du « Controlle des actes de Notaires; élection de Clermont, bureau de Liancourt » :

« Du 4 février 1722
a été controllé un contrat de vente

L	Sols	D
8	10	0

« De plusieurs héritages situés à Labruière,

« Consentis par Charles Carron, cabaretier au Porcheron, demeurant à Paris,

« Au profit de Nicolas Chamberlant, le jeune vigneron demeurant à Labruière,

« De la somme de soixante et cinq livres de pp^l passé devant Le Roy, notaire à Liancourt, le 30 janvier, contenant.... Rolles, et a été reçu quinze sols. »

Nicolas Chambrelent était donc un propriétaire important de ce petit pays.

Faut-il en conclure que le métier de vigneron qu'il exerçait enrichissait son homme ?

Voici les renseignements que j'ai pu recueillir sur la valeur des vins et les conditions de culture de la vigne dans la région :

« Environ la Saint-Martin de l'année 1651, le muid de vin a esté vendu à la Bruière la somme de cinquante livres.

« Le 24 septembre 1652, le vin a esté vendu à raison de vingt-sept livres le muid.

« Environ la Saint-Martin 1654, le vin a esté vendu à La Bruière de 40, jusques à 43 livres le muid [1]. »

Ce petit relevé indique de sensibles variations du prix des vins d'une année à l'autre. Elles tiennent sans doute en grande partie, à celles des saisons dont dépendent l'abondance et la qualité des récoltes.

Nous savons par les archives du prieuré de Saint-Christophe-en-Halatte, qu'en 1601 et 1602, le vin était cher; et que, le 28 octobre 1603, le vin était à bon marché [2].

Ces données et ces chiffres intéressent une période prospère de la vigne, en Beauvaisis. La multiplicité et le poids des charges et impôts, joints à l'incertitude des ré-

[1] Perrenot Le Chamberlant, chap. VIII, p. 266-267. — Acte original.

[2] Archives de l'Oise : H. 2.360.

coltes, devaient peu à peu ruiner cette culture dans le pays.

En 1789, elle était devenue impraticable. Nous l'apprenons par les cahiers de doléances des communautés rurales.

« Tout ce qui concerne la culture de la vigne et la condition des vignerons dans le Beauvaisis, écrit M. Ernest Roussel, Archiviste de l'Oise [1], nous intéresse d'autant plus, que la vigne a à peu près complètement disparu dans notre contrée depuis un siècle. Et cependant, vers 1789, dit Graves, il y avait encore, dans l'étendue des cantons actuels de Beauvais, 700 hectares consacrés à la production du vin. »

Le cahier de doléances de vignerons le plus intéressant est celui rédigé par les vignerons et laboureurs de la Poterne-Saint-André et de la paroisse Saint-Jacques à Beauvais. « Il n'y a peut-être pas, déclarent-ils, dans le royaume, de condition plus fatigante, moins lucrative et plus tourmentée par les impôts, que la nôtre;

[1] Introduction à l'inventaire sommaire des Archives Départementales antérieures à 1790. (Beauvais 1897.)

nous avons une existence des plus pénibles. L'arpent donne, année commune, cinq muids de vin, du prix ordinaire de 60 l., soit au total 300 l. Les avances à faire sont : 1° façon ou culture de l'arpent, 150 l.; 2° fumier, échalas, 50 l.; 3° cinq tonneaux à 10 l., 50 l.; 4° six setiers, pour la dîme, 12 l.; 5° frais de vendange, 50 l.; 6° congé, à 8 liv. par muid, 40 l.; 7° entretien de cave et cellier, 10 l.; 8° pressoir, 6 l.; 9° forage, perçu par l'évêque, à raison de 16 d. par livre, 18 l. 15 s. Total : 386 l. 15 s. La dépense excède le revenu de 86 l. 15 s.; de plus, il faut supporter les vingtièmes, les droits d'entrée, le gros manquant, où l'on comprend l'eau jetée sur le marc. Situation vraiment insupportable.

« Le vignoble de Fitz-James ne produit pas la boisson que l'on pourrait consommer dans le pays; cependant les habitants s'en privent, pour pouvoir subvenir à leurs autres besoins indispensables. »

Quoi qu'il en soit, et si l'on en juge par l'établissement de sa famille, il semble

qu'en ce qui concerne Nicolas Chambrelent, « la vigne ait eu du bon » [1].

Le père de Nicolas, mon aïeul Flourent,
paraissait également à l'aise. Il maria bien
ses filles et établit solidement ses fils dans
le pays.

A partir de Flourent, les registres paroissiaux de La Bruyère s'emplissent d'actes au nom de Chambrelent [2]. Ceux-ci forment bientôt une vaste famille. Ce sont des
travailleurs de la terre, vignerons ou laboureurs; quelques-uns, comme Nicolas le
jeune, deviennent d'importants propriétaires de maisons, prés, bois et vignes. Certains exercent des fonctions communales.
Les registres de délibérations de l'Assemblée et du Conseil Municipal nous rensei-
gnent sur ce dernier point :

— Au 13 avril 1788, il est écrit :
« Nous soussignés sindic et autres mem-
bres de l'Assemblée municipale de La
Bruyère, sommes convenus de ce qui suit :

[1] Lettre du Comte Charles de Monsabert.

[2] Perrenot Le Chamberlant, chap. VI : Les Vignerons
de La Bruyère.

. . . .

« 2° Avons choisi pour greffier de la ditte Assemblée Nicolas Chambrelent comme plus en état de rédiger les actes [1]. »

— Le 30 novembre 1788, l'Assemblée est présidée par Germain Chambrelent, syndic.

— Il en est de même le 7 décembre 1788 [2].

— Le 22 février 1790, a lieu la nomination de Charles Chambrelent l'aîné, cultivateur et vigneron, pour faire partie de la nouvelle municipalité de La Bruyère. Germain Chambrelent est désigné comme un des six notables.

— Le 30 février 1790, Nicolas Chambrelent est nommé secrétaire greffier [3].

— Le 14 novembre 1790, Charles

[1] Archives de La Bruyère. — Voir *in fine*, Pièces justificatives.

[2] Au sujet du rôle de l'Assemblée communale et des fonctions du syndic, voir Perrenot Le Chamberlant, chap. VII : La Cloche du Village.

[3] Archives de La Bruyère. — Voir *in fine*, Pièces justificatives.

Chambrelent l'aîné est désigné pour faire partie de la nouvelle municipalité.

— Le 23 janvier 1791 a lieu la prestation de serment civique par le curé de La Bruyère. Cet acte assez curieux mais fort long est signé : Chambrelent, greffier.

— Le 4 mars 1791, Charles Chambrelent l'aîné et Charles Chambrelent le jeune, sont désignés pour faire partie de la Commission chargée d'établir l'assiette de l'impôt.

— Au 27 Brumaire An IVe, on trouve les lignes suivantes : « Aujourd'hui 27 Brumaire An IVe de la République Française, est comparu au bureau de la municipalité de Labruyère, Nicolas Chambrelent, lequel ayant été nommé agent municipal de la commune de Labruyère, croyait être en droit d'opté de la place attendu cest travaux pénible et que j'ai fait la charge de greffier de la municipalité depuis sept ans, attendait sa retraite avec impatience, au bout de quoi il a signé le jour, mois et an que dessus. Signé : Chambrelent. »

La plupart des actes de l'Assemblée ou du Conseil portent d'ailleurs une signature au nom de Chambrelent.

Nous pourrions penser, en raison de l'importance des vignobles du Beauvaisis au XVIIe siècle, que les vignerons de la région formaient une corporation. En ce cas, ils avaient des us et coutumes auxquels pourraient se rattacher celui-ci. On raconte que les vignerons du pays se servaient, pour goûter les vins, de tasses en argile de Beauvais. De telles pièces sont devenues fort rares en raison de leur fragilité. On en peut cependant voir encore quelques-unes [1].

Les vignerons du Beauvaisis avaient-ils un costume de cérémonie particulier ? Je ne sais, mais je ne puis m'empêcher de penser à celui des vignerons de Châteauneuf en 1784. Ceux-ci, « sans en excepter un seul, portaient l'antique costume adopté par ceux de leur profes-

[1] Collection de Mr. Jean Tremblot, Bibliothécaire à l'Institut de France, en sa propriété de Rantigny.

sion, et comprenant l'habit rouge à larges basques, la culotte rouge, le gilet et
les bas blancs, le chapeau à cornes et
les souliers à boucles [1] ».

Flourent Chambrelent de La Bruyère,
né vers 1650, est le dernier, le plus
lointain ancêtre auquel il m'ait été donné
de remonter d'une façon directe et par
preuves.

Cependant, j'ai relevé dans les villages avoisinants des cantons de Clermont
et de Liancourt, dans un rayon de dix
kilomètres environ de La Bruyère, des
familles ou personnages plus anciens. Ils
portent les noms de Chambellan, Chambellain, Chamberland, Chambrelent, mais
comme je l'ai exposé déjà [2], ces diverses
variantes dérivent de la même racine
étymologique « chamarlinc », et sont
souvent employées indistinctement dans

---

[1] *Châteauneuf, son origine et ses développements*, par
M. l'Abbé Bardin, Chanoine, Vicaire-Général d'Orléans, ancien curé de Châteauneuf. (Perrot André, li-
braire éditeur, Orléans 1864.)

[2] Perrenot Le Chamberlant : chap. I.

les actes [1]. La proximité des lieux, l'identité du nom patronymique, la répétition des prénoms, la similitude des professions, tout permet de penser sans présomption, que ces familles ou personnages se rattachent à mon aïeul Flourent. Des soudures se feront quelque jour, au hasard d'actes d'état-civil ou de propriété.

Le plus ancien homonyme du Beauvaisis que je connaisse actuellement est Jean Chambellan, possesseur au 26 décembre 1489 d'une pièce de terre mentionnée comme étant sise, en 1735, au-dessus de la rue de l'Equelette à Airion. Ce village est situé au nord de Clermont. Il semble bien qu'il soit le berceau de la famille Chambrelent, dans la région [2].

On relève également à Airion les noms de Philippe Chambellain et de sa femme, Guillemette Codieu. Celle-ci était sans doute originaire de Bulles. Philippe et

---

[1] Voir *in fine*, Tableaux généalogiques.

[2] Lettre de Mr. Laurain, Archiviste de la Mayenne, ancien Archiviste de l'Oise.

sa femme furent ensevelis dans l'église d'Airion. On y peut encore voir leur pierre tombale à demi effacée et cachée sous l'harmonium. Elle porte cette inscription :

« Cy gisent honnorables personnes Philippes Chambellain en son vivant laboureur qui décéda le XXIIe de décembre mil cinq cent quarante quatre et Guillemette Codieu sa femme qui décedda le dernier jour de Novembre mil VCLVII lesquelz ont donné deux mines de blé et une mine avoyne de rente à la charge de faire dire deux haultes messes et une basse pour chacun an la veille Saint Andry.

« Cy gist... Chambellain leur filz qui décedda le...

« Priez Dieu pour eux. »

Philippe Chambellan, laboureur à Airion, acheta dès le 11 janvier 1535 pour 7 l. t. en principal et 5 s. en vin de marché, une masure avec pré, sur le grand chemin de Clermont à Saint-Just, d'une contenance de 3 quartiers; et le 10 novembre suivant, pour 12 l. t., une mine et 1/2 de terre, lieu dit le Gros-Cessier, sur le même chemin; une autre mine, lieu dit le Gros-Buisson, et une demi-mine au même lieu. Le 22 juillet 1569, ses héritiers sont désignés comme possédant une rente de 18 s. t. sur une mine de terre au terroir de Ronquerolles, commune d'Agnets.

On trouve encore à Airion Antoine Chambrelen, laboureur, époux de Nicole Neurine. Tous deux eurent une fille, Anne Chambrelen, qui épousa Pierre Pougnie. Le mariage eut lieu le 30 décembre 1627. A cette époque Antoine était décédé. Claude Chambrelen, laboureur à Ronquerolles, figurait dans l'assistance [1]. Ronquerolles est un village situé sur la Brêche, entre Airion et Clermont.

Ces divers personnages paraissent avoir été « laboureurs de lin ». On sait que le lin était cultivé dans nos pays dès le Moyen-Age et que la France, à cette époque, fournissait de toiles l'Angleterre, l'Espagne et la Hollande.

---

[1] Lettre de Mr. Laurain.

Enfin, il existe dans le fonds de la Collégiale de Clermont [1] un dossier ayant pour titre : « Fief du Courtil Chamberland, mouvant du roy à cause du Comte de Clermont, scis à Airion — dix déclarations qui forment 3 mines 3 1/2 arpents. — Trente sept sols dix deniers de censives. Le Sr Quest, fermier de M. l'abbé de St-Quentin en 1770, luy rend 600 livres de dixmes et Champart sur quarante muids de terre aud. lieu. » Ces déclarations, datées de 1762, émanent des nommés Aubry, Duchesne, Mandolle, Morel, Noxent, Poulain, Vaillant.

Après le groupe des Chambellan, Chambellain, Chamberland et Chambrelen d'Airion, vient, par ordre d'ancienneté, le groupe des Chambrelen de Warty.

La seigneurie de Warty, aujourd'hui commune de Fitz-James, est située à la sortie de Clermont, au nord [2].

---

[1] Archives de l'Oise.

[2] Voir Perrenot Le Chamberlant, chap. IV.

Dès le 29 mars 1561, il est question de feu Michaut Chambrelen possédant à Warty sur le chemin de la Cleuterie [1].

Le 16 septembre 1588, Louis Chambrelen était propriétaire à Warty et voisin d'une terre possédée, au lieu dit le Camp Arnoulet, par le prêtre Jean Debrie. Les Debrie constituent une vieille famille de propriétaires fonciers du pays, alliée des Chambrelen.

Nous trouvons ensuite à Warty quatre familles de Chambrelen. J'ai déjà analysé les actes de ces familles que l'on suit de 1623 à 1656 [2]. Ces actes établissent une alliance entre les Chambrelen de Warty et les Chambrelan de Catenoy.

La plus ancienne des familles avoisinantes est ensuite celle de Philippe Chamberlan, de Bailleval, commune située à

---

[1] Hospice de Clermont, fds. St-Ladre, B. I.

[2] Perrenot Le Chamberlant, chap. IV. — Voir *in fine*, Tableaux généalogiques.

l'ouest de La Bruyère. Les registres paroissiaux de cette commune mentionnent le baptême de trois enfants de Philippe : Loyse en 1603, Jean en 1606, Marie en 1608. Ces dates permettent de supposer que Philippe était né entre 1570 et 1580.

Philippe était vigneron comme Flourent et ses fils. Il était titulaire en 1610 d'un bail de trois quartiers de vigne, sis au vignoble de Bétencourt Saint-Nicolas, qui lui avait été consenti, moyennant 10 livres 10 sous tournois de rente, par Jean-Philippe Loisel, chanoine et archidiacre de Senlis[1]. Cet acte mentionne également Claude Lecarron, vigneron, comme titulaire du bail pour partie. Il indique les noms des femmes des titulaires, à savoir : Françoise Guenescourt et Suzanne Langlois.

Les registres de Bailleval contiennent les autres actes suivants :

1639. — 17 décembre : sépulture de...

---

[1] Archives de l'Oise : H. 1064.

enfant de Chamberlan et de Françoise Labitte.

1641. — 27 mai : sépulture de... Chamberlan.

1650. — 25 mars : mariage de Labitte et de Jeanne Chamberlan.

1677. — 18 janvier : mariage de Pierre Chambrelent et Marie Autin.

De ce mariage naquirent : Marie (1678), Marie (1683-84), Nicolas (1687) [1].

C'est ensuite à Sacy-le-Grand que nous trouvons trace d'un Chambrelan. Sacy-le-Grand est si proche de La Bruyère que cette commune lui fut rattachée, durant un certain temps, au XIXe siècle, puis en fut séparée de nouveau par ordonnance royale du 15 septembre 1833.

L'examen des registres d'état civil de Sacy-le-Grand révèle les faits suivants :

— En mars 1614, Baltazar Chambrelan est parrain d'un enfant dont l'acte de baptême est illisible.

---

[1] Voir *in fine*, Tableaux généalogiques.

— En mars 1617, juillet 1617, avril 1626, juin 1633 et février 1643, actes illisibles au nom de Chambrelan.

— Le 3 octobre 1651, est décédé Louis Gaton, pauvre mendiant de la paroisse de Milly et son fils est mort aussi, trois ou quatre mois après, chez Baltazar Chambrelan.

— En juillet 1661, Baltazar Chambrelan est décédé à La Bruière le 26 de juillet... sa sépulture en l'église de Sacy.

— Au catalogue des confirmations de 1654, 1660, 1664, 1668, aucun nom de Chambrelan n'est inscrit.

Baltazar Chambrelan paraît avoir été un important personnage. Ainsi que nous venons de le voir, il fut inhumé en l'église de Sacy. D'autre part, les Archives de l'Oise font mention des baux consentis en 1622 par l'abbé de Saint-Symphorien, des maison, manoir et ferme de Malvoisine et Malvoisinette, avec les terres, bois, prés, vignes et droits en dépendant, au profit « d'honneste personne

Balthazard Chambrelan, laboureur demeurant à Sacy-le-Grand » [1].

J'en arrive aux registres de Catenoy, commune située entre Fitz-James et La Bruyère. Au XIIe siècle, La Bruyère était un hameau dépendant de Catenoy [2].

J'ai déjà signalé les relevés effectués dans ces registres [3], concernant les familles de Simon Chambrelan et Charlotte Dupuis (1644 - 1662), Charles Chambrelan et Charlotte Lobgeois (1637-1642), Mathurin Chambrelan et Antoinette Petit (1641-1648).

J'ai établi que : Isabelle Chambrelan, fille de Simon, épousa Guillaume Debrie, fils de Catherine Chambrelen de Warty et de Philippe Debrie[3].

J'ai observé que la famille Lobgeois, alliée des Chambrelan de Catenoy, le fut aussi des Chambrelent de La Bruyère [3].

---

[1] Archives de l'Oise : H. 1664.

[2] Perrenot Le Chamberlant, chap. V.

[3] Perrenot Le Chamberlant, chap. IV. Voir *in fine*, Tableaux généalogiques.

Je dois signaler, en passant, un acte du 7 février 1708, qui établit que Sébastien Chambrelen, charron à Saint-Antoine de Catenoy, hameau situé entre Fitz-James et Catenoy, était détenteur d'un petit fief, avec moyenne et basse justice, sis audit lieu, près de Saint-Antoine et du fief de Sainte-Barbe [1].

Enfin, on trouve trace au 17 novembre 1736, du bail consenti par les religieux de l'abbaye de St-Lucien, au profit de Melon Lecoq et Margueritte Chambellan, de la ferme de Noirémont, près Froissy, « qui se consiste en maison, granges, estables, lieulx et pourpris ainsy que le tout se comporte, avec les terres labourables, qui sont en quantité de vingt neuf mines ou environ, y compris les droictz de champars » [2].

Il est permis de conclure de tous ces actes, que dès la fin du XVe siècle, les

[1] Autour du Plateau de Liancourt. (Notes d'Archéologie et d'Histoire locale) par Amédée Beaudry. (Paris-Chaponet 1905.) Arch. Nat. S. 5, 112.

[2] Archives de l'Oise : H. 1206.

Chambellan, Chamberlan et Chambrelen étaient solidement établis dans l'arrondissement de Clermont.

La question reste entière de savoir si ces familles ont pris naissance dans le pays ou si, venant d'ailleurs, elles se sont implantées en Beauvaisis.

Je veux citer ici le nom de dom David Chambellan, prieur de Saint-Leu d'Esserent vers la fin du XVe siècle et par conséquent contemporain de Jean Chambellan, laboureur à Airion. Cette citation est une digression en ce que St-Leu d'Esserent est situé aux environs de Chantilly et que sans dépasser les limites du département de l'Oise, nous sortons des cantons de Clermont et de Liancourt. Nous ne nous en éloignons cependant pas tant que cette digression puisse être considérée comme audacieuse et hors de propos.

L'abbaye de St-Leu d'Esserent fut fondée en 1081 par Hugues, comte de Dammartin, qui déclare rendre à Gui, évêque de Beauvais, duquel il tenait tous ses biens, l'église d'Esserent, « de Hescerent », avec l'autel, l'âtre et la dîme, afin qu'il les donne à l'abbaye de Cluny et y établisse des moines de Cluny pour le service divin [1].

Le nom de David Chambellan est cité à plusieurs reprises dans les Archives du prieuré.

Il existe un bail à cens, consenti en décembre 1496, par frère David Chambellan, prieur, et les religieux de Saint-Leu, à Jean Aubin, dit Tanon, demeurant à Montataire, d'une masure, cour et lieu, contenant de dix à onze verges, appartenant au prieuré à cause de son fief de Montataire [2].

En 1494, fut dressé le procès-verbal de visite du lieu, appelé la Tour-Saint-Leu, autrement dit Buccamp, sis près le Château de Chantilly, par dom Chambellan, docteur en théologie et prieur de Saint-Leu d'Esserent [3].

On relève la constitution de 12 s. p. de rente, par Colin Gracia de Saint-Leu,

---

[1] Archives de l'Oise : H. 2.431.
[2] Archives de l'Oise : H. 2.549.
[3] Archives de l'Oise : H. 2.518.

au profit de Maurice de Bury; cette rente était à prendre sur une masure à Saint-Leu, en la rue de la Muette, et sur une vigne à Saint-Leu. En 1497, saisine de cette rente est donnée par le receveur de maître David Chambellan, docteur en théologie, prieur de Saint-Leu [1].

Enfin, en 1498, furent dressés les terrier et déclaration des maisons, terres, héritages et domaines, étant en la censive du prieuré, en vertu des lettres patentes obtenues par frère David Chambelland, docteur en théologie, prieur de Saint-Leu, le 7 mars 1494 [2].

Quelle est l'origine de dom David Chambellan? Faisait-il partie de la famille de Jean Chambellan d'Airion? On peut dire qu'il était tout au moins son homonyme, son contemporain et son voisin.

D'autre part, l'histoire de la fondation du prieuré de Saint-Leu d'Esserent peut donner à penser que Dom David était

[1] Archives de l'Oise : H. 2.499.
[2] Archives de l'Oise : H. 2.429.

un moine de Cluny. Or, le nom de Chambellan était, à l'époque et dès le XIV⁰ siècle, fort répandu en Bourgogne et en Berry. Le prénom même de David qui est caractéristique, s'y trouve joint au nom de Chambellan.

Je ne voudrais pas que ces considérations généalogiques puissent faire penser que je cherche à étendre le Courtil de mes aïeux au delà de ses limites légitimes, qui semblent être depuis la fin du XV⁰ siècle et jusqu'à la Révolution celles des pays de Beauvaisis et de Valois. Mes prétentions à ce sujet sont modestes. Je me plais à en trouver l'image au village de La Bruyère, de même que je serais tenté de faire revivre mon aïeul Flourent Chambrelent et sa femme Marie Tassart en la personne de Paul Patin et en celle de cousine Flore.

Ceux-ci m'accompagnèrent dans la visite des maisons de mes ancêtres. Ils joignirent l'autorité de nos liens de famille à la bonne grâce de M. Dubois, pour me faire ouvrir toutes grandes les portes du village.

Le soir venu, il fallut bien songer au retour. Une voiture vint me chercher de Liancourt pour me conduire au train de Paris. Un serrement de cœur me prit, au départ. Il me semblait que je quittais avec ingratitude le village natal. Je ne savais, en vérité, quelles paroles d'adieu, quels mots de reconnaissance dire à « ceux demeurez aux champs ».

Et tandis que la voiture s'éloignait, je regardais de tous mes yeux, jusqu'au tournant du chemin, la haute silhouette de Paul Patin encore agrandie d'une casquette à ponts, et contre lui, celle de cousine Flore, beaucoup plus petite, avec son foulard à carreaux couvrant ses cheveux, et ses mains croisées sur son tablier.

A L'ENSEIGNE

DU « POT D'ESTAIN »

Mon trisaïeul, Mᵉ François, procureur au bailliage de Senlis, épousa demoiselle Françoise-Philippine Sallentin.

Le mariage fut célébré à Pont-Sainte-Maxence, l'an mil sept cent soixante et onze, le mercredi vingt-trois octobre.

Mᵉ François avait alors trente-six ans. Il était né le 9 octobre 1735 à La Bruyère, de Nicolas Chambrelent le jeune, vigneron et garde du Fontanois, et de Marie-Louise Damien, sa femme. Nicolas le jeune mourut âgé de cinquante-quatre ans, le 7 mars 1748, en son village de La Bruyère, si bien que François, lors de son mariage, était orphelin de père. Il avait

Je dois une partie de la documentation de ce chapitre à l'obligeante érudition de M. le Marquis de Luppé et de M. Trochon de Lorière. (Note de l'Auteur.)

encore sa mère, Marie-Louise Damien, âgée à cette époque de soixante-quatorze ans. Sur neuf frères et sœurs, il semble qu'il lui restait deux frères, Charles et Louis-Arthur, ainsi que trois sœurs, Marie-Marguerite, Angélique et Louise.

François avait quitté le village de bonne heure, pour étendre son instruction. Il travaillait à Senlis, soit au collège, soit dans une étude de procureur, depuis l'âge de seize ou dix-huit ans.

Françoise-Philippine Sallentin était fille de Jacques-Denys Sallentin, marchand épicier à Pont-Sainte-Maxence, et de Marie-Thérèse Demonchy, sa femme. Elle était née en 1749. Agée seulement de 22 ans, lors de son mariage, elle était orpheline de père et mère et vivait sous la curatelle de Maître François Copin, notaire et procureur à Pont-Sainte-Maxence.

L'acte de mariage de François et de Françoise-Philippine, qui scella l'union des Chambrelent aux Sallentin, contient d'intéressants détails sur la cérémonie, ainsi que sur les conjoints et assistants. Il est ainsi conçu :

« *L'an mil sept cent soixante onze, le mercredy vingt-trois octobre, après la publication du premier ban du futur mariage d'entre Me François Chambrelan, procureur au bailliage et siège présidial de Senlis, y demeurant depuis dix-huit à vingt ans sur la paroisse de St-Agnan, fils majeur de défunt Nicolas Chambrelant vivant de la paroisse de Labruyère de ce diocèse, et de Marie-Louise Damiens, ses père et mère d'une part, et entre demoiselle Françoise-Philippine Salentin, de droit et de fait de cette paroisse, agissant sous l'authorité et avec le consentement de Maître François Copin, notaire et procureur de cette ville, son Curateur adhoc, fille mineure de deffunts Jacque-Denys Salentin, vivant marchand épicier de cette ville, et de Marie-Thérèse Demoncy, ses père et mère d'autre part, faite tant en cette église qu'en celle de St-Agnan de Senlis, le treize du présent mois et an, sans opposition ni empêchement aucun, et après avoir vu les dispenses des deux autres bans à eux accordés par Mr. l'Abbé de Comeras, vicaire général de ce diocèse, en datte du quatorze du présent mois et an, signé de Comeras et plus bas par Bouteille, con-*

trolé le dit jour et an par Mr. Potté, et celle du diocèse de Senlis, à eux pareillement accordée par Mr. l'Abbé Ansart, vicaire général du diocèse de Senlis, en datte du seize du présent mois et an, signé Ansart et plus bas Testu, controlé audit Senlis le jour que dessus par le clercq du port.

Je soussigné Louis Salentin, prêtre habitué de la paroisse de St-Sauveur de Beauvais, ai reccu en présence et du consentement de Messire Ignace Frion, prêtre licentié en théologie de la Faculté de Paris, curé et doyen rural de la ville et paroisse de Pont-Ste-Maxence, leur mutuel consentement de mariage et leur ai donné la bénédiction nuptiale, après les fiançailles célébrées hier en cette église avec toutes les cérémonies prescrites par l'Eglise, en présence, du coté de l'époux, de Charles Chambrelent, son frère, en son nom le Co-fondé de procuration de Marie-Louise Damiens sa mère, Vve de Mr N^{us} Chambrelent, passée devant Me Bacouel et son confrère à Senlis, le jour d'hier, de lui certifié véritable; de Me Jean-Louis Bacouel, notaire royal à Senlis et Louis-Michel Guilliel de la Benarderie, receveur des *domaines du Roy à Senlis, et autres; et du coté de l'épouse, de M⁰ François Copin, notaire royal et procureur en cette ville, et son curateur adhoc, Mr. Nicolas Demonchy, son oncle maternel, demeurant à Montgerin, Mr. Jean-Louis Dhevet, contrôleur du Roy en la prévôté royale de cette ville, et autres qui ont signé. Signé : Chambrelent, P.-F. Sallentin, Sallentin, De la Benarderie, Charles Chambrelent, Bacouel, Copin, Demonchy, Dhevet, Gravet, Frion* [1]. »

Des procureurs, des notaires, un receveur des domaines, un contrôleur du Roy, voilà un acte qui sent sa bourgeoisie de province, encore que Charles Chambrelent, vigneron à La Bruyère, frère de François, y représente dignement l'ascendance terrienne de l'époux.

Mais je ne veux m'occuper ici que des Sallentin et l'on me permettra d'en revenir à « Jacques Denys Salentin, vivant marchand épicier » à Pont-Ste-Maxence.

[1] Registres paroissiaux de Pont-Sainte-Maxence, acte N° 198.

Il semble qu'il était né d'Antoine Salentin, également marchand à Pont, qui tenait boutique en la grande rue, à l'enseigne du « Pot d'Estain ». Celui-ci naquit sans doute vers 1680.

Jacques-Denys aurait eu un frère aîné, Jean-François, qui entra dans les ordres et fut vicaire à Pont, ainsi qu'une jeune sœur, Maxence, qui épousa le sieur Etienne Rousseau, marchand.

Cette généalogie succincte nous est révélée par le registre des surcens de la ville de Pont-Sainte-Maxence, relevant de l'Abbaye Saint-Jean-Baptiste du Montcel [1].

On y trouve au 5 octobre 1735 un « Titre nouvel par Jean-François Sallentin, prêtre, ancien vicaire de Pont, sieur Denis Sallentin, marchand, demeurant audit lieu, sieur Etienne Rousseau, marchand et Maxence Sallentin, son épouse, enfants et héritiers du sieur Antoine Sallentin, vivant marchand audit Pont, pour une maison, sise en la grande rue, appe-

---

[1] Registre petit in-f° mss. en papier circa, 1780.

lée le « Pot d'Estain » (boutique, cuisine, chambre, grenier, allée, cour et bâtiments derrière) ».

Ladite maison appartenait le 20 août 1778 aux enfants Rousseau, marchands.

Certes, on trouve d'autres Sallentin dans la région, mais leur filiation n'est point établie avec ceux de Pont-Sainte-Maxence.

Les Archives du Prieuré de St-Christophe-en-Halatte contiennent un bail, en date de 1651 [1], par Antoine de Bouillon, conseiller et aumônier du roi et du duc d'Orléans, prieur et seigneur de Saint-Christophe et Fleurines, à Jacques Sallentin, laboureur à Vaux, paroisse de Creil. Ce bail a pour objet la basse-cour du prieuré avec le logement du fermier, les dîmes, tant grosses que menues et novales, dues dans l'étendue des terres de Saint-Christophe et Fleurines, soixante-quatre arpents de terre, aux mêmes terroirs, au lieu appelé La Courtille, neuf

---

[1] Archives de l'Oise : H. 2.416.

arpents de bourgogne, le grand pré, le petit jardin à la Croix Bennecourt, les tuiles à prendre par le prieur sur les habitants de Fleurines et Saint-Christophe, qui ont des fourneaux, tous les cens, surcens, rentes et droits seigneuriaux, les droits de forage, étalonnage et amendes et les droits de pressorage et dîme du vin. Il est consenti à charge de réparer les bâtiments du prieuré et l'église, de fournir le luminaire, les huiles et les cordes des cloches, de fournir chaque année vingt voies de fumier, pour la vigne du prieur, de nourrir deux petits chiens de chasse du prieur, de fournir trois cents gerbées par an, six douzaines de paires de pigeonneaux, et, si le prieur en veut davantage, de les lui céder à 30 sous la douzaine. Il est en outre stipulé une redevance de 1.350 livres tournois, en déduction de laquelle le preneur donnera en aumône, à la décharge du prieur, aux pauvres des paroisses de Saint-Christophe et Fleurines et aux pauvres passants, quarante-deux mines de blé méteil par an, un muid de blé méteil au sacristain et six mines au chapelain, pour lesquelles soixante mines de blé sera fait diminution de 150 livres par an. Le preneur fournira aussi mille bottes de foin, qui lui seront déduites à raison de 8 livres le cent.

Le 15 février 1670, est rendue une Sentence de la Table de marbre à Paris [1], qui condamne Carton, Doré, Lagrange, Lepage, Havy et Salentin, tuiliers à Fleurines et Saint-Christophe, à 20 livres d'amende envers le roi et 40 livres de dommages-intérêts envers la communauté des habitants de Fleurines et St-Christophe. Cette condamnation leur est infligée pour avoir tiré les terres dans les Usages. Il leur est fait défense de faire à l'avenir pareilles entreprises et dégradations. Il est ordonné au prieur de ne plus donner de permission aux tuiliers ou autres à cet effet. Les tuiliers sont, en conséquence, déchargés des redevances qu'ils paient pour cette raison au prieur. Il sera incessamment désigné un canton

[1] Archives de l'Oise : H. 2.393.

de dix arpents de terre dans les Usages, au lieu le plus commode et le moins dommageable, pour y tirer de la terre propre à faire tuiles, briques et carreaux, laquelle sera vendue à la porte de l'église, au plus offrant et dernier enchérisseur, pour les deniers en provenant être mis entre les mains du procureur syndic des habitants de Fleurines, à charge par ceux qui tireront la terre de rejeter les déblais, en sorte qu'ils ne puissent nuire au pâturage des bêtes à laine. Il sera pareillement désigné un canton de vingt arpents sur la hauteur, aux lieux sablonneux, pour servir de pâturage aux bêtes à laine; et ce canton sera fossoyé aux dépens des propriétaires des bêtes à laine. Il est défendu aux habitants de faire pâturer à l'avenir leurs bêtes à laine dans le surplus des Usages. Les quarante-sept arpents de taillis réservés seront vendus au profit de la communauté des habitants de Fleurines.

Antoine Sallentin, grand-père présumé de Françoise-Philippine, était donc marchand, à l'enseigne du « Pot d'Estain », en la grande rue de Pont-Saint-Maxence.

Ceci se passait entre 1720 et 1735. La rue neuve ou avenue de Senlis qui est la rue principale par laquelle on accède à Pont en venant de Senlis, n'existait pas encore. Cette rue date en effet de 1773, époque où la construction du pont, détruit en 1914, fut confiée à Perronet, premier ingénieur du Roi. L'entrée de la ville était alors la porte de Lavillé et l'ancien pont, de la plus haute antiquité, arrivait en amont du pont actuel, à la grande rue. C'est dans cette rue que se balançait dignement l'enseigne du « Pot d'Estain ».

Cette rue ne devait pas manquer d'animation et la boutique d'Antoine Sallentin ne devait pas chômer de chalands. Je suppose, en raison de l'enseigne, qu'il s'agissait de la boutique d'un potier d'étain ou bien encore de celle d'un traiteur.

La ville de Pont comptait en 1720, 1.539 habitants. Elle était le siège d'un des marchés de céréales les plus importants des environs de Paris. Une brigade des gardes du Corps y tenait garnison.

C'était le temps de « très haut, très puissant et très illustre seigneur, monseigneur Jean-Charles Crussol, duc d'Uzès, premier pair de France, seigneur châtelain de Pont-Sainte-Maxence, Le Mesnil-les-Pont, les Petits-Ageux, Bernouille et autres lieux », propriétaire desdites seigneuries comme légataire universel de « Louise de Crusol d'Uzès, sa grand tante, à son décès veuve de mondit seigneur Charles, marquis de Saint-Simon. » Il avait hérité du moulin à blé Sainte-Maixence, « séant lès le pont de ladicte ville de Pont en la rivière d'Oyse », en la mouvance de l'abbaye de Sainct-Sciphorien et chargé, à ce titre, de 350 livres de surcens, payables annuellement « le jeudi après Pasques communiaux [1] ».

Ce fut sa fille Anne-Julie-Françoise de

----

[1] Archives de l'Oise : Série H. 1679.

Crussol d'Uzès, dame de Pont, qui lui succéda. Elle épousa, le 19 février 1732, Louis César de la Baume Le Blanc, duc de la Vallière, chevalier des ordres du Roi, pair et grand fauconnier de France, bibliophile célèbre. Elle était encore dame de Pont au moment de la révolution en 1789.

Je vois fort bien la maison d'Antoine Sallentin. Sans doute était-elle coiffée d'un toit de tuiles noirâtres à pignon. Des pans de bois s'entre-croisaient, sur sa façade. Le grenier et la chambre haute formaient sur la boutique un encorbellement soutenu par des consoles de bois, à têtes d'anges et de démons. On eût dit les bons et les mauvais génies du logis. Peut-être même, des panneaux de faïences encadraient-ils les fenêtres à meneaux aux vitres vertes. La boutique était basse, creusée dans le sol. La porte en était étroite et cintrée. On y descendait par quelques degrés.

A supposer qu'il se fût agi d'une boutique de potier d'étain, nous savons que ce métier était anciennement pratiqué dans le pays. Les archives du prieuré de Saint-Christophe-en-Halatte nous révèlent qu' « au mois de septembre 1472 Jean de Manny, potier d'étain à Senlis, étant mort, ouverture fut faite de son testament [1] ».

L'étain, matière malléable et peu dispendieuse, servit d'abord de vaisselle aux pauvres gens. Puis, peu à peu, ses qualités plastiques provoquèrent son application aux usages artistiques. Les bourgeois qui ne pouvaient s'offrir de vaisselle plate, se firent un luxe de leurs assiettes et de leurs brocs historiés.

Les potiers d'étain avaient droit de graver et armorier les ouvrages d'étain. Chaque maître avait sa marque particulière. Ils formaient une corporation dont les Statuts furent confirmés par Louis XIII, en mai 1613. En 1776, cette corporation fut réunie à celle des faïenciers et vitriers.

Les armes des potiers étaient d'azur. Elles portaient au centre un marteau enca-

---

[1] Archives de l'Oise : H. 2.418.

dré de deux plats au sommet, et d'un go-
belet à la base.

Ces considérations ne doivent pas, cependant, nous faire abandonner l'hypothèse
d'une boutique de traiteur où, parmi les
escabeaux et les tables longues, les pots
d'estain s'entre-choquaient fort avant dans
la nuit.

Jean-François, fils aîné d'Antoine, fut
vicaire à Pont-Sainte-Maxence, puis curé
d'Apremont, près de Clermont. Il semble qu'il manifestât certains penchants qui
lui furent funestes.

Il existe dans un pouillé du diocèse de
Beauvais, à la fin du XVIIIe siècle[1], la
mention suivante le concernant : « Jean-
François Sallentin, en interdit en 1745,
aoust »[2]. L'interdiction fait l'objet d'un
dossier[3]. Le curé d'Apremont s'était rendu
coupable d'un bien petit méfait, mais c'était

---

[1] Archives de l'Oise : G. 2.

[2] Fo 7 verso.

[3] Archives de l'Oise : Série G., fonds de l'Officialité
de Beauvais.

une infraction à la discipline ecclésiastique : il avait bu et joué au cabaret. Ses pa-
roissiens prirent sa défense avec chaleur,
mais ne purent empêcher l'interdiction.

Nous avons vu que Maxence, fille d'Antoine, épousa Etienne Rousseau, marchand,
et que leurs enfants étaient propriétaires du
Pot-d'Estain, en 1778.

Nous en arrivons ainsi au second fils
d'Antoine : Denis, présumé Jacques-Denis,
le marchand épicier, père de Françoise-
Philippine.

Il possédait une maison rue d'Ingrüe,
ainsi qu'en fait foi un titre nouvel du
27 octobre 1735 [1], au nom de Denis Sallentin, marchand épicier et mercier. Il vendit cette maison le 26 octobre 1741, devant
Roger, notaire à Pont, à Antoine Heur-
taux, marchand vannier audit Pont.

Il possédait également une maison en la
Grande-Rue, vis-à-vis du Grand Cerf. Il

[1] Abbaye Saint-Jean-Baptiste du Montcel. Surcens de
la ville de Pont-Sainte-Maxence. (Registre petit in-f° mss.
en papier circa, 1780.)

existe, au 14 novembre 1742, un titre nouvel [1] passé par le sieur Denis Sallentin,
marchand épicier, échevin de Pont, pour
ladite maison acquise de Jean de Ron-
noy, marchand orfèvre à Senlis, par contrat devant Lasnier, notaire à Pont, du
26 mai 1739.

Je pense que ce fut dans l'une de ces
maisons que Denis, personnage important,
marchand et échevin, exerça son commerce.

Dès l'entrée, une odeur d'épices vous
prenait au nez. Ah! cette boutique! Quel
paradis! On y trouvait des livres de cire
neuve et de cire vielle; des balles d'amendes; des balles de poivre long, de poivre
ront, de poivre menue; de la canelle; des
barils de macis; des sacs de gingembre
émerané; des sacs de riz; des corbeilles
de pains de sucre coiffés de chapeaux; des
pains brisiez de corps de Seigneur; des sacs
de cubebes et de bastons de girofle; des
graines de paradis et mille sortes d'espice-
ries précieuses et odoriférantes.

---

[1] Abbaye Saint-Jean-Baptiste du Montcel. Surcens
de la ville de Pont-Sainte-Maxence.

Denis épousa Marie-Thérèse Demon-chy. Elle était certainement parente de Nicolas de Monchy, chapelier, au nom duquel existe un titre nouvel [1] du 10 mars 1687, pour deux maisons sises à Pont, en la grande rue, près du marché à blé, comprenant notamment deux boutiques.

Ils eurent vraisemblablement pour enfants : Maxence-Clémence, Martine-Maxence, Françoise-Philippine, Jacques-Denis, Louis, François.

Maxence-Clémence épousa Jean Honbert, marchand, demeurant à Danmartin. Ce sieur Honbert figure avec sa femme, héritière de Denis Sallentin, dans un titre nouvel [1] du 25 septembre 1751, concernant la maison de la grande rue, vis-à-vis du « Grand Cerf ». Tous deux vendirent cet immeuble devant Bertambois, notaire à Pont, le 16 mars 1771.

Martine-Maxence fut marraine de Maxence-Zélie, fille de François Chambrelent et de Françoise-Philippine Sallentin,

[1] Abbaye Saint-Jean-Baptiste du Montcel. Surcens de la ville de Pont-Sainte-Maxence.

dont le baptême eut lieu à Senlis, le 22 janvier 1776.

Françoise-Philippine épousa Me François Chambrelent, procureur au bailliage présidial de Senlis, ainsi que nous en avons fait mention au début de ce chapitre. Nous avons, par ailleurs, écrit l'histoire de leur descendance [1].

Jacques-Denis fut acolyte au diocèse de Beauvais. Nous le voyons figurer comme parrain, à l'acte de baptême dressé le 20 août 1773 à Senlis, de mon bisaïeul, Louis-Théodose Chambrelent, fils aîné de François Chambrelent et de Françoise-Philippine Sallentin.

Louis Sallentin entra également dans les Ordres. Ce fut lui qui donna la bénédiction nuptiale à sa sœur Françoise-Philippine. Evidemment, les Sallentin étaient nés pour servir aux marches de l'Autel. Mais il semble bien que leur premier élan outrepassât leurs tendances foncières, si l'on en juge par ce qu'il survint à Jean-François, curé d'Apremont, et ce qu'il advint de Louis.

---

[1] Perrenot Le Chamberlant, chap. IX.

Celui-ci était curé de Mouy, bourg important de l'Oise, en 1778. Il est mentionné sous ce titre le 25 mars de ladite année, date à laquelle il administra le baptême à sa nièce Marie-Louise-Philippine Chambrelent, fille du Procureur de Senlis. En 1793, bien qu'il eût prêté le serment exigé des prêtres constitutionnels, il fut inquiété et donna sa démission. Il vint à Paris, fit des compilations littéraires et obtint un emploi dans les bureaux de la *Gazette de France*. Il signa ce journal, comme éditeur responsable, jusqu'en 1820. Ce grand-oncle, de curieuse mémoire, me montra la voie des Lettres, en publiant, en 1804, un anecdotier en vingt et un volumes in-12, intitulé : « L'Improvisateur Français ». L'ouvrage porte en épigraphe cette phrase de La Bruyère : « Le choix des pensées est invention ». Louis Sallentin, ex-curé de Mouy et homme de lettres, mourut à Pont-Sainte-Maxence où il s'était retiré, le 27 janvier 1821, dans sa 75ᵉ année. Son nom est resté célèbre dans le Beauvaisis.

François hérita des dispositions commerciales de son père et de son grand-père et les développa dans des proportions considérables. Il quitta Pont-Sainte-Maxence, entraîné par le négoce, et vint se fixer à Nantes où il se livra au trafic maritime. Ce fut là l'origine de la fortune de bien des familles nantaises. François engagea son neveu Louis-Théodose Chambrelent dans ses affaires, et voilà d'où vient que mon bisaïeul, fils d'un procureur de Senlis et petit-fils d'un vigneron de La Bruyère, devint propriétaire et sucrier à Saint-Pierre de La Martinique.

Il est à noter à ce sujet que les rapports de François Sallentin et de sa femme restèrent constants avec leur famille de Senlis. Le 13 janvier 1775, François est parrain au baptême, à Senlis, de sa nièce Agnès-Félicité Chambrelent; le 6 mars 1789, sa femme est marraine au baptême, à Senlis, de Louise-Suzanne Chambrelent.

François Sallentin qui était arrivé à Nantes muni du petit magot paternel, ne tarda guère à arrondir son sac. Il épousa demoiselle Suzanne Bazille de la Barre. Son contrat de mariage, passé à Nantes le 7 février 1784, par M⁰ˢ Lambert et

Allain, notaires, contient les mentions suivantes :

Apport de la future :   6.000 livres,
Apport du futur   : 24.000 livres.

Le futur est désigné : Noble homme
François Sallentin, négociant, fils majeur
de feu Jacques-Denis Sallentin, négociant,
Conseiller du Roi, Maire de la ville de
Pont-Sainte-Maxence, diocèse de Beau-
vais, et de feue dame Marie-Thérèse de
Monchy.

La future est désignée : Damoiselle
Suzanne Bazille, fille majeure de feu
écuyer Jean-Baptiste Bazille, sieur de la
Barre, Conseiller du Roi, contrôleur général du taillon et gendarmerie de la province de Bretagne, et de feue dame Marie-
Thérèse Roux de Laubinais.

Evidemment, François était un malin et
un pince-sans-rire. Il savait fort bien qu'en
ce qui concerne les titres honorifiques, on
fait écrire tout ce que l'on veut aux tabel-
lions et garde-notes héréditaires. Ceux-ci
n'y regardent de près que dès qu'ils en viennent aux apports en argent et biens mobi-
liers. Pour le préambule, ils font des cour-

bettes au client. Or, le titre de Noble homme et de Conseiller du Roi, écrit en bonnes majuscules de bâtarde ou de ronde, cela couvre bien un rôle. Et lorsque de tels titres figurent dans un acte notarié, ils sont authentiques et passent à la postérité.

J'ai retrouvé à Nantes les actes de baptême de cinq enfants de François Sallentin et de Suzanne Bazille. Ces enfants sont: François-Gaudence Alexandre (1785) décédé en 1787 ; Maxence-Alexandrine-Suzanne (1787) ; François-Bazille-Bernard (1789) ; Claire-Thérèse (1790) ; Pauline-Virginie (1793). Il y eut encore, aux dires de la famille, Jules et Hippolyte.

Les actes de baptême des enfants Sallentin sont édifiants en ce qui concerne la situation et les relations de leur père. Celui-ci n'est plus désigné que sous le titre de Noble homme.

François-Gaudence-Alexandre a pour parrain : Noble homme Gaudence Bloyet de Bois - Richard, capitaine de navire.

Maxence-Alexandrine-Suzanne est filleule du Sieur Jean-Alexandre Bazille de La Barre, son oncle maternel.

Parmi les signataires témoins de l'acte de baptême de François-Bazille-Bernard, figurent : Greihery des Landelles, Guillet de la Brosse, Cadet de Lamoricière, Lieutenant Guillet de La Brosse.

La marraine de Claire-Thérèse est : dame Elisabeth Greinaud, femme Guillet de la Brosse.

Les enfants de François Sallentin et de Suzanne Bazille atteignirent une situation et une fortune considérables. Par eux-mêmes et par leurs descendants, le nom de Sallentin est allié à de grandes familles Nantaises. Les demoiselles Sallentin devinrent comtesses et marquises.

Jules Sallentin acquit sous l'Empire, du marquis de Bruc, le château de la Vérie, près de Paimbœuf. Ce domaine compta jusqu'à 850 hectares. Le château n'appartient plus aux Sallentin, mais leurs descendants possèdent encore quelques fermes aux alentours.

A l'occasion d'une villégiature sur une

plage avoisinante, j'ai voulu faire un pèlerinage à la Vérie, en souvenir de mon aïeule Françoise-Philippine Sallentin.

C'était au cours du mois d'août. Un de mes bons amis, négociant à Nantes, m'avait accompagné. Nous traversâmes ce pays plat et éventé qui s'étend entre la côte de Pornic et le port de Paimbœuf, sur la Loire.

Le château de la Vérie est situé à l'extrême limite de la commune de Saint-Père-en-Retz, en direction de Paimbœuf. Là, brusquement, dans un chemin vicinal, entre deux haies, au bout de la perspective d'une vaste prairie, j'aperçus sa belle façade dans le goût du XVII° siècle et sa haute et fine grille écussonnée.

La Vérie présente, de face, trois corps de bâtiments solides et carrés, aux larges et hautes fenêtres à petits carreaux. A chaque extrémité, une terrasse basse à balustre de pierre élargit encore son assise. Les toits d'ardoises des ailes sont en forme de larges cônes tronçonnés. Le corps de bâtiment du milieu porte à ses pieds un perron bas, sans parapet et une porte haute et arrondie. Il est coiffé d'un fronton aux armes des de Bruc et d'un toit d'ardoises en pointe. L'ensemble est puissant et harmonieux.

J'avançais, chapeau bas, au bord de la vaste pelouse. Je restais, quelques secondes, silencieux devant l'antique et belle demeure familiale.

Certes, je ne suis pas de ceux qui pensent que les châteaux, les terres et les titres de noblesse nous viennent en naissant, par une distinction particulière et prédestinée. C'est donc avec une certaine fierté pimentée d'une pointe de malice, que je songeais, devant le portail armorié, aux marchands de Pont-Sainte-Maxence et à l'enseigne du Pot d'Estain.

PERRENOT ET LA PERRIGNE

Lorsque j'eus tracé la lignée de mes descendants directs, je me tournai avec curiosité vers leurs branches collatérales. Je cherchai ce qu'étaient devenues les familles fondées par les fils de Flourent, frères de mon aïeul, Nicolas-le-jeune.

Grâce aux registres paroissiaux de La Bruyère, j'avais établi de 1680 jusqu'en 1789 la descendance de ceux qui étaient restés au village. Je songeai à compléter cette étude par l'examen des registres d'état civil postérieurs à la Révolution. D'autre part, j'entrepris une enquête auprès des représentants vivants du nom patronymique. Je menai ainsi mon étude par le passé et par le présent, tel un tacticien qui procède à l'enlèvement d'une position en l'attaquant par les deux ailes.

Malgré de nombreux déboires, mes recherches ne devaient pas être vaines.

Un Chambrelent auquel j'avais adressé mon ouvrage [1] m'écrivit :

« Monsieur, je vous remercie de votre livre et de la pensée que vous avez eue. Vous m'avez causé un grand plaisir.

Je suis certainement un descendant de la branche Chambrelent qui vous occupe. Mon père, Elma-Léopold Chambrelent, est né à La Bruyère en 1839.

Mon grand-père paternel, était tabletier à La Bruyère. Il s'appelait Prudent Chambrelent.

Vous trouverez peut-être, en recherchant bien, que nous sommes cousins-germains.

Je suis à votre disposition, si je puis vous être utile dans votre travail.

Signé : Edouard CHAMBRELENT,
Imprimeur à Paris. »

Cette lettre me plut. Elle portait la marque d'un cœur simple et ouvert. Je me rendis compte qu'elle nouait de nouveau,

[1] Perrenot Le Chamberlant.

après deux cent soixante-quinze ans de filiations et d'aventures, les liens qui unissaient étroitement les vignerons de La Bruyère. Nos deux branches, issues d'une même souche en 1650, se rejoignaient en l'an 1925.

J'allais à l'imprimerie. Je demandais :

— M. Chambrelent.

— De la part de qui?

— De M. Chambrelent.

Un sourire m'accueillit, ainsi qu'un regard curieux pour ce nouveau venu.

On me fit entrer dans un modeste bureau. Edouard Chambrelent était là, assis derrière sa table de travail. Il se leva, me tendit les mains. Nous nous regardâmes non sans émotion. Et devant ce visage plein et coloré, devant ces yeux bleus, si francs et si jeunes, je songeais à la miniature de mon grand-père André. Plus tard, le caractère de l'homme, son ardeur au travail, son audace dans la conception et dans l'exécution, son humeur entreprenante et spéculative, devaient à nouveau évoquer en moi le souvenir de mon aïeul.

Mon cousin me conta l'histoire de son père et la sienne.

— Mon père Elma, me dit-il, naquit à La Bruyère le 15 février 1839. Les témoins de l'acte de naissance furent Pierre-Louis Boulanger, jardinier, et Jean-François Féron, cordonnier.

Mon père quitta le village de bonne heure. Il travailla d'abord à Creil. Puis, pendant cinq ans, il accomplit son service militaire, et fit campagne en Italie.

A son retour, il se maria. Il entra à ce moment en qualité d'imprimeur-lithographe dans une maison où il travailla durant vingt ans. Grâce à un labeur opiniâtre et à une vie ordonnée, il amassa quelques économies. Elles lui permirent d'acheter en 1884 une imprimerie qui avait été fondée en 1873, et avait fait ses preuves. Quelque temps après, mon père, qui avait fait de grands sacrifices pour me donner une solide instruction, m'appela pour travailler avec lui. Je m'en acquittai de mon mieux.

En 1891, lorsque mon père fut en âge de se reposer, et que je fus libéré du service, il voulut vendre son fonds de commerce.

Père, lui dis-je, tu ferais là une mauvaise opération. Ton imprimerie, qui vaut peu pour un étranger, vaut beaucoup pour moi. Je te l'achète. Je la paierai sur mes gains. En attendant, je te servirai huit pour cent de rente de ton capital.

Ainsi fut fait. Je ne devais pas regretter ma décision. J'ai eu le bonheur de développer le champ où mon père avait semé.

Je remercie mon père de la confiance qu'il voulut bien me témoigner. Non seulement il me vendit à crédit son imprimerie, mais il y mit ses économies pour former le capital nécessaire à l'exploitation. Cet actif, représentant vingt années de labeur, constituait la totalité de ses ressources pour assurer le repos de ses vieux jours. Pas un instant, il n'a pensé que je pouvais ne pas réussir et lui faire perdre par inaptitude ou par paresse tout le fruit de son travail.

Ce qui m'a semblé naturel, quand j'avais vingt-cinq ans, me semble prodigieux aujourd'hui, où j'en ai cinquante-six. Je reconnais mieux maintenant la grande affection que mon père avait pour moi. Ce serait, actuellement, une bien douce joie de pouvoir l'entourer de soins et de le voir profiter de l'aisance que j'ai acquise.

Il serait content de voir que ses habitudes ont été conservées. Des fournisseurs qui l'ont connu viennent encore ici et me parlent de lui.

Attaché aux traditions de la maison, je resterai à la tête de mon imprimerie aussi longtemps que je le pourrai. La tâche me sera facile grâce aux collaborateurs dévoués, dont je suis entouré. Quelques-uns d'entre eux ont travaillé avec mon père et sont là depuis vingt-cinq ou trente ans. Cette collaboration est certainement un des principaux éléments de la prospérité constante de mon imprimerie.

Lorsque la guerre survint en 1914, j'avais quarante-cinq ans; je fus mobilisé avec ma classe. Mais les suites d'une blessure reçue en service commandé, alors que je servais en 1892, comme brigadier de spahis, en Tunisie, ne me permirent pas d'affronter une nouvelle campagne. Je fus libéré au bout de seize mois. Je repris alors la direction de ma maison.

Depuis, je me suis intéressé à la terre. Je voulais permettre à ma famille, qui habite Paris depuis trois générations, de puiser une vigueur nouvelle dans l'air des champs. J'aime la campagne et je songeais aussi à m'y reposer plus tard.

J'ai donc acheté le domaine de « La Perrigne », d'une superficie de 100 hectares, situé à Saint-Corneille, dans la Sarthe. Je ne me rendais pas compte à ce moment de la tâche considérable que j'entreprenais. Tout était à refaire dans cette propriété abandonnée depuis quinze ans. Les bâtiments étaient délabrés, les terres incultes, les prairies inondées, les bois saccagés.

Après cinq années d'efforts continus, j'entrevois la fin des travaux, et une ère de prospérité. Mais le mieux est que vous veniez voir cela sur place. »

Notre entretien prit fin sur ces mots, et nous nous séparâmes, heureux de cette première rencontre.

De retour chez moi, je fouillais mes dossiers. Au bout de quelques jours, j'avais pu établir que Prudent, grand-père d'Edouard Chambrelent, était né à La Bruyère, le 8 novembre 1807, du mariage de Charles Chambrelent et de Marie-Clotilde Quillet. Charles Chambrelent demeurait à La Bruyère, en « La rue d'en haut », ainsi qu'en fait mention son acte de décès, daté du 9 octobre 1834. Lui-même était né en 1774 de Jacques Chambrelent le jeune, et de Marie-Anne Caron. Jacques Chambrelent le jeune vit le jour en 1742. Il était le fils de Jacques Chambrelent l'aîné, époux en deuxième noce de Françoise Vuarnier. Jacques Chambrelent l'aîné, dont l'acte de baptême remonte au 21 mars 1697, était le frère cadet de mon aïeul Nicolas le jeune; il fut le dernier des six fils de Flourent Chambrelent et de Marie Tassart [1].

Par la suite, Edouard Chambrelent me fit remarquer à juste titre que son aïeul, Jacques Chambrelent le jeune était resté orphelin de père et de grand-père dès l'âge

[1] Voir *in fine* : Tableaux généalogiques.

le plus tendre. En effet, Flourent est mort le 14 mars 1742, année de la naissance de Jacques le jeune. Jacques l'aîné est décédé le 16 avril 1743, un an après la naissance de son fils. D'autre part, les oncles et tantes de Jacques le jeune étaient chargés de famille. Ils ne purent, sans doute, lui venir en aide que dans une faible mesure.

Malgré ces tristes circonstances, cette branche de la famille a légué à ses fils des qualités solides d'amour du travail, d'ordre et d'économie, qui leur permirent d'acquérir une situation indépendante.

Un mois et demi après notre premier entretien, Edouard Chambrelent me convia à l'accompagner à La Perrigne. C'était au début de septembre. Mon nouveau cousin m'avait donné rendez-vous chez lui à Paris. Sans embarras, il traversa la rue, sortit une grosse voiture d'un garage, se mit au volant, et franchit à une moyenne de soixante kilomètres à l'heure les deux cent kilomètres qui nous séparaient de sa propriété.

Nous arrivâmes là-bas vers le soir. La réception fut familiale et simple. Aucun régisseur, aucun domestique n'attendait le maître. Ma cousine vint au devant de nous. Je remarquai tout de suite son regard : de grands yeux très doux, très bons et très francs. Puis, je fus présenté à mes jeunes et charmantes cousines, Germaine et Nicole, fort curieuses de voir ce Chambrelent, évocateur des ancêtres.

Le lendemain, j'ouvris les yeux dès le petit matin. Je m'habillai en hâte et je sortis.

L'air vif me saisit. Un léger brouillard m'enveloppait où fumait mon haleine. Malgré l'heure matinale, le sable était ratissé de frais. Je m'éloignai sans bruit sur ce sol meuble et doux. Le château, flanqué de ses tourelles au toit pointu, dormait encore toutes fenêtres fermées. Il se détachait finement dans l'écrin que lui composait l'ouate légère de l'aube. Les hautes futaies se pressaient alentour, immobiles, rigides, comme des gardes du corps. Le sable jaune des allées, les pelouses vertes où perlait la rosée, où les massifs de fleurs prenaient teinte, étendaient à ses pieds leurs larges tapis.

Je remarquais que la brume matinale s'élevait de toute part des futaies, glissait à la lisière des bois, se traînait lentement au-dessus des pâturages. Il me sembla discerner en ces formes vaporeuses les mânes bien-aimés de nos pères qui s'en venaient en foule vers ce domaine hospitalier d'un « chamberlan », pour en goûter la douceur et l'utile beauté.

J'étais pénétré de ces images, lorsque je vis mon cousin venir à moi à travers le parc. Sans doute devina-t-il mes réflexions, car il me dit aussitôt :

— Mon cher hôte, vous avez fait un livre à la mémoire de nos pères, vous avez tiré leurs noms oubliés des archives de l'état civil, vous avez évoqué leurs figures disparues. Vous avez retracé leur vie au village de La Bruyère, et si j'avais connu votre travail avant d'acquérir, dans la Sarthe, le domaine de La Perrigne, j'aurais cherché dans l'Oise, aux environs du berceau familial, un domaine de même importance, afin de continuer dans le pays les bonnes traditions des Chambrelent.

Enfin, j'espère que La Perrigne va devenir le point de départ d'une lignée des nôtres qui laisseront après eux d'aussi bons souvenirs que nos aïeux du Beauvaisis.

J'ai consacré tous mes soins à ce domaine. Je veux que mes enfants s'y plaisent, qu'ils continuent à l'habiter longtemps et qu'ils y vivent, à l'aise, de ses produits.

Avant de commencer notre visite, il est nécessaire que je vous donne un aperçu des origines de mon exploitation, en me reportant par la pensée, à six ans en arrière.

Avant la guerre, La Perrigne, était une vaste propriété de huit cents à mille hectares. Depuis, elle a été morcelée. Les fermes ont été vendues séparément, et la partie actuelle qui restait, et que je possède, ne récoltait rien. Elle était seulement réservée à l'agrément. Après dix années d'abandon, deux alternatives se présentaient : remettre en état la propriété d'agrément, ou la transformer en domaine agricole, ce qui était beaucoup plus compliqué. J'ai choisi la deuxième combinaison.

N'oubliez pas que j'ai toujours vécu à Paris, que je suis imprimeur et que, par con-

séquent, rien ne me disposait à être fermier
et aviculteur. Il m'a donc fallu étudier les
questions agricoles et regarder autour de
moi, avant de commencer aucun travail. Ici,
tout était en friche. Les bois avaient été saccagés. Les prairies et les terres labourables
se confondaient sous une couche uniforme
de ronces, de genêts et d'orties. J'ai dû divi-
ser les terrains et les répartir suivant leur
qualité. Après un travail de plusieurs
années, en reboisement, drainage, nettoyage
et labours, j'ai obtenu 33 hectares de bois,
33 hectares de prairies, et 33 hectares de
terres labourables, ce qui est la division
idéale.

Tout ce travail préparatoire a demandé
de la part de mon personnel beaucoup
d'énergie, de ténacité et de confiance. Ce
sont les meilleurs parmi mes ouvriers qui ont
naturellement persévéré jusqu'au bout de
l'œuvre de remise en état, pour faire du
domaine ce qu'il est maintenant. Je n'hésite
pas à le reconnaître et à les en remercier.

Pour gagner du temps, il a fallu discerner les bonnes méthodes, employer un matériel perfectionné, distribuer les engrais à

profusion. A présent, je suis récompensé de mon travail par les rendements progressifs que j'obtiens.

Les terrains de la Sarthe sont en général sablonneux et légers, et exigent des pluies abondantes pour donner de bonnes récoltes. Malgré cette difficulté, j'obtiens 20 quintaux d'avoine à l'hectare, après avoir récolté seulement 5 quintaux dans les premières années. Le rendement proportionnel est le même pour toutes les autres cultures, maintenant que les terres sont bien nettoyées et bien entretenues.

Le désir de créer l'activité autour de moi m'a entraîné à intensifier la production agricole et avicole du domaine de La Perrigne.

Cette production augmentant régulièrement m'a obligé à chercher des débouchés. En industriel parisien, je n'ai pas voulu être tributaire du marché de la ville voisine; j'ai voulu vendre mes produits dans toute la France. Cela m'a conduit à créer une organisation commerciale.

Ce service occupe maintenant tout un personnel de bureau. Nous recevons une moyenne de 200 à 250 lettres par jour.

La production et la vente dans toute la France, c'était un commencement. Mais cela ne me satisfaisait pas encore. Pour perfectionner mon système, j'ai voulu me consacrer à l'élevage des bêtes de races pures; j'ai acheté les meilleurs reproducteurs dans les expositions, et j'ai ainsi formé un véritable jardin d'aviculture.

Cette nouvelle branche d'activité s'est développée rapidement. Le cheptel est passé progressivement, entre 1921 et 1925, de 500 à 6.000 volatiles.

La ferme modèle s'est accrue parallèlement.

Toutes les récoltes sont consommées par les animaux. Pour répartir la consommation, il a fallu installer de grands silos destinés à conserver les nourritures vertes qui poussent à profusion au printemps et à l'automne. De plus, il a fallu utiliser des moulins spéciaux pour réduire en poudre le foin et la luzerne séchés.

N'oubliez pas qu'un grand principe en aviculture et en agriculture est de ne rien acheter, et de vivre uniquement avec ses produits, pour pouvoir équilibrer son budget.

La question du bien-être de mes employés et ouvriers agricoles a fait l'objet de tous mes soins. Les vignerons et laboureurs du Beauvaisis, n'ont-ils pas peiné pendant des siècles, toujours préoccupés de l'avenir et même du présent, vivant de privations dans des chaumières, car la terre et les saisons sont souvent ingrates? J'ai voulu, dans la mesure de mes moyens, épargner de tels soucis à mes braves collaborateurs. J'ai voulu que ceux qui peinent toute la journée, sans espoir d'atteindre la richesse, travaillent au moins sans la crainte du lendemain, et dans des conditions hygiéniques satisfaisantes.

Mon premier soin a été de leur procurer des logements bien aérés, bien chauffés, éclairés à l'électricité, avec de l'eau fraîche à discrétion. J'ai installé une salle de bains-douches, un lavoir et une bibliothèque.

J'ai ainsi rompu immédiatement avec les mauvaises habitudes de certaines contrées ou de certaines fermes, dans lesquelles les ouvriers agricoles couchent avec les bêtes, sans hygiène, sans air et sans lumière.

J'ai cherché à favoriser le retour à la terre, en assurant à mes modestes collaborateurs une situation stable, un confort essentiel; et en leur enlevant le souci de leurs vieux jours. J'ai créé pour eux une œuvre de prévoyance et d'assistance sociale.

Ils peuvent se constituer une retraite par leurs versements facultatifs, et les versements égaux faits par moi, en surplus de leurs salaires. Désireux de développer en même temps que l'épargne, la persévérance et l'amour du travail, j'ai augmenté ma participation à cette retraite, dans des proportions réglées d'après le temps de présence à mon service.

Dans le but de donner aux enfants, dès l'âge de raison, des idées d'économie, de participer aux charges des familles nombreuses et d'encourager la natalité, je verse à chaque ménage travaillant chez moi une prime proportionnelle au nombre d'enfants, jusqu'à ce que ceux-ci aient atteint leur dixième année.

Mes collaborateurs peuvent me communiquer toute idée nouvelle permettant de réaliser des progrès dans les diverses branches de l'exploitation sous forme de meilleure utilisation de main-d'œuvre, de perfectionnements au matériel, d'économie d'argent, de bien-être du personnel et des animaux. Ces idées sont examinées et reçoivent une récompense, en cas d'application, et suivant leur importance.

Une coopérative a été installée pour lutter contre la cherté de la vie. Elle cède à ses membres, aux prix coûtants, les marchandises de première nécessité. Enfin, une caisse de prêt sans garantie a été fondée pour permettre aux jeunes ménages de s'établir et d'acheter des meubles.

Par un curieux destin, mon domaine s'appelle « La Perrigne », et votre livre a pour titre « Perrenot ». L'un et l'autre ne devaient pas tarder à se rejoindre.

J'ai conscience que je dois beaucoup à mes pères, qui m'ont laissé un nom honorable, et l'exemple d'une vie laborieuse pendant plus de deux cents ans dans le même village. Je leur suis reconnaissant de ces bonnes traditicns, plus peut-être que s'ils* m'avaient laissé beaucoup d'argent. C'est pourquoi votre livre m'a fait plaisir.

Je veux maintenant que vous connaissiez l'histoire du domaine et son organisation, vous en faire visiter les différents services.

En vous plaçant face à l'entrée du château, vous avez à gauche les écuries, chenils et communs, la ferme modèle, les volières et les parquets de volatiles sélectionnés destinés à la vente.

A votre droite, est un autre château en miniature, qui fut ma première demeure pendant qu'on faisait toutes les réparations. Il est aujourd'hui inhabité. Je le réserve pour mes enfants. A côté s'ouvre un potager égayé de roses, où s'étendent les serres à fruits et à fleurs.

Devant vous et par conséquent de l'autre côté du château, descendent de larges pâturages que ferment des rideaux de trembles et de peupliers. Au delà se trouvent le bassin aux cygnes, un bois sauvage, puis encore des prairies, des pâtures et enfin le parc aux palmipèdes et les clapiers.

L'installation actuelle comprend :

Quarante parquets de 800 m², dans la partie haute du domaine, pour les poules, les pintades et les dindons.

Douze parquets de 2.000 m² avec douze petits étangs dans la partie basse, pour l'élevage des palmipèdes.

Trois grands pigeonniers contenant chacun 100 couples de pigeons.

Vingt grandes volières de 100 m² pour les oiseaux d'ornement.

Dix grands clapiers de 20 cases chacun, pour les lapins à fourrure.

Les prairies et les pâtures couvrent 35 hectares, les terres labourables 35 hectares et les bois 30 hectares.

— Je reconnais là, mon cher cousin, lui dis-je, l'œuvre rurale d'un descendant de ces laboureurs qui retournèrent et cultivèrent pendant deux siècles la terre du village, de leurs bras laborieux et infatigables.

Nous entrâmes alors dans un petit bois qui était proche. Je respirais longuement l'air frais parfumé de l'odeur de l'humus, des mousses et des écorces. Les allées étroites étaient soigneusement taillées dans la futaie. On ne percevait nul bruit, si ce n'est le cri encore timide de quelque nichée, le craquement d'un branchage, l'épanouissement confus de la végétation d'alentour. Au bout d'une allée, nous vîmes un jeune lapin qui se tenait accroupi et de profil. Il nous regardait venir de son œil étonné, et ne s'enfuit dans le fourré que lorsque nous fûmes à quelques pas de lui. Je quittais à regret cette solitude délicieuse.

Nous parvinmes à la ferme, alors que les étables chaudes étaient encore demi-obscures. Un bruit voluptueux fait du souffle des bêtes les emplissait. Parfois, le frottement d'une chaîne, le choc brutal d'un front contre la mangeoire, le battement des queues sur les bas-flancs en rompaient la torpeur. On distinguait dans la pénombre les croupes fauves et les yeux farouches au-dessus de la litière. Une odeur chaleureuse s'élevait de ce bon logis.

— J'ai dans cette ferme, me dit mon cousin, en plus des vaches laitières que vous voyez, des ânes, des porcs et des chèvres. Les étables, les écuries, les porcheries sont blanchies à la chaux deux fois par an. Les abreuvoirs reçoivent l'eau courante. La nourriture est abondante, variée et saine. Le matériel le plus perfectionné est utilisé pour labourer au tracteur, ensemencer, détruire les mauvaises herbes et récolter. Deux silos ont été installés : l'un de 100 tonnes pour conserver les produits du printemps, tels que le trèfle, la luzerne et le foin, dans le cas où la saison pluvieuse empêcherait la fenaison ; l'autre de 200 tonnes pour ensiler le maïs à la fin de l'été, et suivant les saisons, le regain des prairies. De vastes hangars tiennent les réserves de foin et de luzerne séchés.

Cependant des cris étranges s'élevaient dans l'air matinal. Ils venaient des volières toutes proches. Mon cousin me conduisit devant les hauts treillages arrondis en forme de dômes. Au sommet, se tenaient immobiles comme des dieux des paons bleus ou blancs. Ils dressaient leur corps allongé, leur cou grêle, leur tête petite, ornée d'une huppe. Leur queue brillante et ruisselante comme une cascade descendait très bas, au long des treillages.

Au milieu de ces cages immenses commençait à s'agiter tout un peuple d'oiseaux. Mon hôte me vint en aide pour en distinguer les espèces.

— Vous voyez, me dit-il, que l'installation est divisée en quatre parties : d'abord les parquets constitués pour la production des œufs à couver; ensuite les cages à faisans; puis les grandes volières pour les oiseaux d'ornement; et enfin la réserve des pigeons, destinés à la vente.

Nous avons ici toutes les races de poules et pigeons et de nombreuses espèces de faisans, soit en tout quatre-vingts espèces environ.

Je ne veux pas vous les décrire toutes. Je vous fatiguerais inutilement. Mais je puis vous assurer qu'en ce qui concerne quelques races particulièrement rares, il a fallu beaucoup de temps pour les rassembler en quantité suffisante et former des parquets complets.

En continuant notre visite, nous allons passer devant les jardins des employés, et la pépinière, et nous irons jusqu'à la ferme d'élevage des palmipèdes, qui se trouve à un kilomètre de là. »

Je remarquais au passage, des ateliers spéciaux pour l'entretien des bâtiments et du matériel. Je visitais un atelier de mécanicien, la forge pour la ferrure des chevaux, les ateliers du menuisier, du charpentier, du peintre et du maçon.

Je me rendis compte que ce vaste domaine vivait et s'entretenait par ses propres moyens.

Tout en devisant, nous arrivâmes à la ferme des palmipèdes et des poussins. Mon cousin voulut bien reprendre le cours de ses explications :

— Là, me dit-il, est un tout autre genre de travail :

Dans une pièce spéciale, se trouvent les couveuses artificielles permettant l'incubation de 3.000 œufs. L'incubation est réglée pour que les naissances se fassent à intervalles réguliers

Les poussins passent ensuite dans une vaste poussinière, chauffée, divisée en compartiments, où ils sont classés par couvées. Ils sont transférés à l'âge de deux mois dans un autre bâtiment également chauffé, mais muni d'ouvertures, leur permettant de sortir dans un petit enclos quand le temps est doux et sec. Enfin, à l'âge de quatre mois, ils sont mis en parquets et vivent en plein air; ceci vers le mois d'avril ou de mai.

Les canards sont élevés dans de vastes enclos. Chaque enclos contient un bassin alimenté par l'eau de l'étang, canalisée jusque-là. Elle traverse les bassins avant de s'écouler vers une petite rivière, la Parence.

Mon exploitation comprend toutes sortes de canards et des oies d'ornement, telles que les oies d'Egypte et les oies frisées du Danube. Les oies de Toulouse qui forment un beau troupeau d'une centaine de têtes, sont élevées à part, dans une grande prairie de trois hectares bien plantée de peupliers.

Des chemins de ronde dans lesquels circulent des chiens de garde, entourent tous les parquets.

Les clapiers sont aussi très intéressants, car ils prennent de plus en plus d'extension et de valeur. La fourrure des peaux de lapins est employée par beaucoup de maisons de mode et de couture, et certaines peaux, telles que celles des Chinchillas, se vendent de 50 à 75 francs par pièce, suivant leur qualité. C'est une branche de l'exploitation qui va prendre beaucoup d'importance, et je vais ouvrir de grands clapiers perfectionnés pour augmenter ma production. Naturellement les animaux sont sélectionnés, et tous ceux qui ne présentent pas les caractères de races pures sont mis de côté et livrés au marché pour la consommation. Il y a beaucoup de déchets, c'est pourquoi les animaux de sélection qui restent coûtent si cher.

Nous revenions lentement vers le château, lorsque mon cousin s'arrêta :

— Vous venez, me dit-il, de voir mon

œuvre. A vous, maintenant, de la juger. Je souhaiterais, puisque vous avez évoqué l'esprit de nos pères de la poussière du passé et des vieux parchemins, que vous ayez, ce matin, reconnu la présence de ce même esprit dans le domaine d'un de leurs enfants.

— Mon cher cousin, lui dis-je à mon tour en lui serrant les mains, je ne saurais trop vous être reconnaissant de tout ce que vous m'avez montré en cette radieuse matinée d'automne.

J'ai étudié sept générations de notre famille. Chacune d'elle m'a révélé l'ardeur au travail, l'audace dans la conception, la ténacité dans l'exécution, une généreuse protection des faibles, la fierté, l'indépendance, je dirai presque l'isolement dans la tâche à accomplir.

Les exemples ne nous font pas défaut, Flourent a fait de ses fils des propriétaires terriens. Nicolas a élevé son dernier enfant à la bourgeoisie. Celui-ci, François, a quitté le village natal et a défendu en qualité de procureur au baillage de Senlis, les droits de ceux restés à la terre. Louis et André ont traversé les mers, pour aller coloniser aux Antilles. Jules-François, le célèbre ingénieur agronome, membre de l'Institut, a conçu l'assainissement des landes marécageuses et pestilentielles de Gascogne. Il s'est dressé tout seul contre l'ignorance et la routine, a réalisé ses conceptions sans autre appui que son propre génie et ses propres ressources, et finalement a imposé par les résultats obtenus ses idées audacieuses et bienfaisantes. Votre père, lui-même, a montré un rare mérite, lorsqu'il a acheté de ses économies et fait prospérer l'imprimerie que vous dirigez aujourd'hui.

Non, ce n'est pas en vain que nos pères ont si bien lutté, qu'ils ont si fermement défendu le petit fief de nos traditions, notre Courtil Chamberland. Toutes leurs qualités, je les retrouve en vous; vous me les avez montrées mises en œuvre dans la création et l'exploitation de votre domaine.

Cette constatation augmente encore l'intérêt si puissant qui m'attache au passé, et c'est là un nouvel encouragement pour moi, à persévérer dans l'histoire que j'ai entreprise d'une famille française [1].

[1] Au moment où nous relisons les épreuves de ce livre, nous apprenons que M. Edouard Chambrelent est promu chevalier de la Légion d'honneur (*Journal Officiel* du 7 mai 1926). (Note de l'auteur.)

II

SOUVENIRS D'ENFANCE

PREMIERS SOUVENIRS

On retrouve ces souvenirs à l'âge d'homme, alors qu'au sommet de la vie on se retourne anxieux vers ce qui n'est plus. On est curieux de les revoir; on secoue sur leurs images la poussière odorante du passé. Ou bien encore, on les tourne de biais vers le jour, on les ombrage de la main comme ces daguerréotypes qui vont s'effaçant. Ils nous révèlent les traits de quelque aïeul oublié. Bientôt ils ne seront plus qu'une plaque de métal aux reflets irisés.

Ainsi je te revoie, bonne-maman, chère bisaïeule, mère de mon grand-père maternel. Tu es là, dans ta chambre, au premier étage de la maison, à droite du palier. Tu es assise, immobile et pensive, en ton fauteuil, près de la fenêtre. Ta longue et douce figure est encadrée de boucles grises.

Sur un antique bahut, à tes côtés, je reconnais ton petit chasseur de Saxe, auquel je n'avais pas droit de toucher. Il est joli, en vérité, comme un jouet multicolore. Assis sur une souche, le fusil appuyé au long du corps, la gibecière traînant à terre d'où sort la tête d'un jeune lapin, il caresse son chien couché à ses pieds et se repose des fatigues de la chasse. Sous son tricorne noir et or, à plumes blanches, il penche un ravissant visage rose et vermeil. Sa veste de marquis est d'un bleu très tendre. Son gilet est de soie blanche à ramages roses. Il porte la culotte courte et les guêtres fauves. Le tronc d'arbre sur lequel il est assis est si bien moulé qu'on dirait, à voir ses cernes concentriques, une tranche de gâteau de Savoie. Je regardais d'en bas cet objet précieux, comme on regarde les étoiles.

Bonne-maman est morte à l'aube, dans cette même chambre. Elle s'est éteinte entre les bras de ma mère, sa petite-fille, ainsi qu'une lampe sans huile qui sursaute encore tandis qu'on en remonte en vain la mèche.

A plusieurs reprises angoissantes, le souffle s'arrête. Puis l'aïeule, dont la vie fut saine et vigoureuse, reprend haleine en un râle profond. On la serre anxieux, en des bras vainement protecteurs; on voudrait respirer avec elle. Son cœur bat à force; le passé vit encore. Dans quelques secondes, il ne sera plus. L'aïeule s'est tue de nouveau. Les minutes s'écoulent lourdement.

Penché sur le visage calme et silencieux, on appelle « Grand'Mère ». Comme en une chambre déserte, plus rien ne répond. C'est fini. Le passé a vécu.

Alors, brusquement, il nous semble que le toit du logis s'en est allé, que notre tête est à découvert. Telle était donc, chère grand'maman, votre affection tutélaire. Vous n'êtes plus. C'est à nous désormais de couvrir la maison.

Les événements ont des affinités secrètes. Le triste devoir que ma mère accomplit auprès de son aïeule devait m'échoir, trente-cinq ans après, au chevet de ma grand'mère maternelle.

Je vis s'accomplir l'inéluctable dénouement. Les plus durs instants de notre vie
sont ceux où nous sentons peser sur nous
la force écrasante du destin.

Je tournais pieusement cette page pleine
d'émotions si douces et si poignantes que
représentait pour moi la vie de cette modeste femme.

C'était en un pavillon retiré au fond d'un
jardin de couvent. L'aube pointait à peine.
Je laissais les Sœurs réciter les dernières
prières et je sortis pour respirer l'air matinal.

La nature s'éveillait avec cette tendresse
et cet espoir qui, en chaque belle saison,
nous étreignent le cœur. Je parcourais longuement la même allée, entre les parterres
d'un potager. En haut de cette allée, une
autre se greffait comme les bras d'une croix.
Elle était couverte d'une charmille et apparaissait sombre et d'une tristesse inexprima-
ble. Trois statues en marquaient le milieu
et les deux extrémités.

Dans le silence et la fraîcheur de l'aube,
le chant du coq s'élevait à intervalles presque réguliers. Le ciel, bien que serein, était

d'une teinte pâle et indéfinissable. J'apercevais le bâtiment du couvent avec ses rangées de fenêtres. Je respirais longuement cette atmosphère de calme et de renonciation. Bientôt, j'entendis une cloche tinter à coups discrets. Puis je vis des lumières et des cornettes blanches passer derrière les vitres.

C'était bien la vie dans sa douceur et son amertume, semblable à l'éponge de vin mêlé de fiel dont parle saint Mathieu.

Une grand'mère nous tient moins aux entrailles qu'une mère. Mais elle est le lien qui nous rattache au passé. Elle en est l'émanation. Il semble toujours qu'elle va nous dire :

— « Il était une fois... »

On apporte à l'amour des grands-parents moins d'ardeur mais plus de respect qu'en celui des parents. Ils sont plus distants de nous. Ils portent déjà l'auréole des choses lointaines.

Leur protection est puissante. Ils sont l'emblème des traditions et de la vitalité de notre race. Leur présence ou leur souvenir nous maintient souvent sur le droit chemin.

Ma grand'mère était, tout simplement et sans pose, une femme d'autrefois. Elle restait modestement étonnée et silencieuse devant les mœurs du jour. A peine nous disait-elle avec douceur :

— Mes enfants, de mon temps on n'aurait pas fait cela.

C'était tout. Elle pensait avec indulgence que son esprit et ses sens ne pouvaient plus comprendre le présent.

Mais sans oser se l'avouer, elle avait une affection particulière pour ceux de ses enfants et petits-enfants les moins entraînés par le vent du siècle.

Tout respirait, autour d'elle, le calme, l'ordre, la stabilité. Elle était soigneuse de ses affaires et de sa personne, non point par coquetterie, mais par nature. J'admirais, étant enfant, son beau linge et ses robes sombres. Je respirais la bonne odeur vanillée de ses cheveux séparés en bandeaux lisses sur un front resté jeune et bombé. Elle avait, sans y penser, une pointe de malice dans le regard comme aussi en son âme honnête. Ses mains étaient petites et fort belles. Elle les conserva ainsi jusqu'en sa vieillesse, comme de délicats bijoux.

Ma grand'mère avait des habitudes bourgeoises. Elle aimait un confort sobre et de bon aloi. Elle avait, en cela, hérité des goûts de son père, qui était un petit maître. Je possède la photographie de ce curieux personnage. Elle s'efface et l'on dirait presque un fusain. Mais on distingue la figure agréable et pleine aux joues tombantes, les cheveux abondants et blancs séparés par une raie sur le côté, les yeux baissés et malicieux, le cou cravaté de noir, le pardessus à col de velours, retenu par un poing sur la hanche, la redingote croisée et le ruban de la Légion d'Honneur à la boutonnière. Ma grand'-mère, en parlant de lui, disait : « Mon père... » avec un grand respect.

Les enfants voient juste et par instinct. C'est ainsi que, d'un mot, je peignis ma grand'mère dès l'âge le plus tendre.

Mon grand-père maternel, dont j'ai déjà parlé et pour lequel je garde une profonde vénération, avait l'habitude de tempêter à propos de petites choses.

En ces terribles et passagers moments, les plus grands serments ne lui faisaient pas peur. L'ouragan tournoyait dans toute la maison et particulièrement autour de ma bonne grand'mère, si bien que je confiais à de vieux amis :

— Je ne comprends pas mon grand-père de se fâcher ainsi. Ma grand'mère est une si honnête femme!

Mon vif et excellent homme de grand-père, en voulant mieux faire que sa femme dans les soins du ménage, provoquait des catastrophes. Certain jour où il voulut se mêler du café, il y lâcha sa pipe.

Il avait un mépris profond ou plutôt une grande insouciance de la toilette. Les anecdotes abondent à ce sujet en ce qui le concerne.

Je n'en veux rapporter ici que deux.

Lors de l'enterrement d'une parente, il devait, en raison de son âge et de son degré de parenté, marcher en tête du cortège. Le convoi était prêt à s'ébranler. On cherchait partout, mais en vain, mon grand-père. On le trouve enfin en vive discussion dans un petit groupe, au sujet de son pardessus qu'il avait égaré. C'était en hiver. On remue tout dans la maison pour mettre la main sur l'indispensable vêtement. Chacun enquête. On se bouscule, on se presse. Soudain, mon grand-père aperçoit la jaquetté à taille et à manches en forme de gigot d'une vieille bonne de la famille, connue sous le nom d'Emilienne.

— Voilà mon pardessus! s'écrie-t-il en se méprenant.

Il se saisit alors de la jaquette et descend l'escalier quatre à quatre, sous les yeux des invités, en faisant de violents efforts pour introduire ses épaules trop larges dans la pauvre défroque d'Emilienne.

Certain jour, il eut maille à partir avec un cocher concernant le règlement de la course. Comme mon grand-père ne cédait pas, le cocher, rouge de colère, se saisit de son chapeau.

— Gardez-le, mon cher ami, lui dit mon grand-père, en remettant son argent en poche. C'était un vieux serviteur. Mais il a fait son temps et peut rouler carrosse.

Puis, sans plus penser à l'incident, il rentra chez lui tête nue, au grand émoi de ma grand'mère.

Sans doute mon cœur n'a pas beaucoup vieilli, car je vous vois encore, cher grand-père, revêtu de votre robe de chambre grise, dans votre modeste appartement de la rue du Montparnasse. Vous n'étiez point riche, mais vous fîtes toujours le plus grand honneur à vos affaires, et grâce à votre esprit de conduite, à votre bon sens, à votre travail opiniâtre, à votre haute probité, vos quatre enfants gardèrent de leur jeunesse le souvenir d'un foyer confortable en même temps qu'une bonne éducation bourgeoise.

Le soir venu, après la tâche souvent ingrate de chaque jour, vous aimiez à chercher l'oubli dans les livres, principalement dans les études historiques. Vous preniez des notes, vous résumiez vos abondantes lectures. Je possède l'un de vos cahiers dont ma grand'mère fit le dépôt entre mes mains. Il est intitulé : « Notes sur mes lectures. Pour mon fils Paul », et daté de 1882. A la première page, mon grand-père a écrit ceci :

« Quand j'étais jeune, je lisais. J'aimais l'étude. J'aimais les bons livres nourrissants. J'aurais été heureux d'avoir un guide qui m'empêchât de me perdre en des lectures médiocres, en des jugements faux, obscurs ou vieillis comme le sont déjà ceux de certains auteurs encore en vogue dans ma jeunesse : Rollin, Anacharsis, Anquetil. A cette époque commencèrent à paraître les livres de la nouvelle école historique, ceux des Guizot, des Thierry, si intéressants et que je n'ai connus que bien plus tard.

« Je ne pourrai consigner ici que des notes rapides. Mais si, plus tard, j'ai le loisir de les mettre en ordre, elles seront pour mon fils un premier guide pour lire avec suite, avec méthode et, partant, avec fruit les meilleures études sur telle époque de l'Histoire qu'il voudra connaître. »

Dans l'analyse de deux ouvrages du Comte de Champagny, sur les Césars et les Antonins, je trouve ces quelques lignes :

« ... Le recrutement de la race s'opère par les classes laborieuses. Il y a dans toute société des familles qu'une exception nécessaire, légitime même, car elle est motivée par les besoins communs, dispense du travail manuel; elles ne jouissent pas longtemps de cette dispense; par suite de cette privation malsaine, elles s'éteignent. La race des travailleurs est éternelle; à chaque génération, elle fournit de nouveaux nobles, de nouveaux bourgeois, de nouveaux riches. »

N'est-ce pas à vous, cher professeur qui m'apprîtes à lire avec un alphabet de bois, que je dois en partie d'avoir recherché l'histoire de ma famille paternelle et remonté le chemin de cette ascendance jusqu'aux vignerons du Beauvaisis dont vous eûtes tant goûté les solides vertus?

Parfois aussi, après dîner, lorsque la table était desservie, vous aimiez à déployer votre jeu d'échecs. Je m'asseyais en face de vous. Et là, dans l'intime clarté de la suspension à gaz de notre enfance, je me plaisais à regarder votre fin visage à la barbe soyeuse, penché sur l'échiquier. Vous allumiez une pipe de terre blanche, au long tuyau, au fourneau noirci, et tandis que de temps à autre vous poussiez de votre main nerveuse la Tour ou le Roi, une bouffée compacte sortait de la pipe et se déployait en volutes légères qui planaient longtemps dans la pénombre.

C'était une grande fête lorsque vous m'invitiez à coucher chez vous. Vous leviez tout à coup vers moi votre regard empli d'intelligente bonhommie et vous disiez :

— Voilà l'homme au sable, il est l'heure d'aller dormir.

— Encore cinq minutes, grand-père.

Ma grand'mère me conduisait bientôt dans la chambre qui m'était destinée. Lorsque j'étais en chemise de nuit et couché, mes grands-parents préparaient une surprise. Mon grand-père entrait dans la chambre, revêtu des débris d'un vieil uniforme. Il traînait un sabre énorme et courbe, et de grandes bottes jaunes. Il se campait au pied du lit, un poing sur la hanche, frisant sa moustache. Il entonnait, à ma grande joie, quelque chanson gaillarde, puis faisait de la main et de l'œil un galant appel à ma grand'mère. Celle-ci s'en venait alors vers lui, la tête couverte d'une mantille, tenant sa robe en une révérence et riant, malgré ses efforts, en murmurant :

— Dieu, mon Dieu!

Tous deux sortaient enfin bras dessus, bras dessous. Cette scène soulevait mes éclats de rire et je m'endormais le sourire aux lèvres, ce que les braves gens s'en venaient constater, sur la pointe des pieds, quelques minutes après.

. . . .

. . . .

J'ai gardé aussi le souvenir de nos serviteurs. Ces humbles créatures d'autrefois participaient à la vie du foyer. Elles en étaient les témoins animés et compatissants. Les enfants ont souvent une admiration particulière pour les domestiques qui font des travaux apparents et de force. Ils aiment leur compagnie où ils n'éprouvent pas de contrainte.

Je me souviens de M. Jules, le « mari d'Adèle ». C'était un fort bel homme, grand et brun, pourvu d'une abondante moustache. Il était cocher à la maison de commerce de mon père. Je le rencontrais à la cuisine, car Adèle était notre cuisinière.

J'admirais M. Jules pour sa grandeur et pour sa force. Comme il était bon, je ne me gênais pas pour lui tirer les moustaches et taper à tour de bras dans le creux de ses mains. Il aimait les enfants. Il me portait volontiers sur ses épaules. Je m'y trouvais dans une situation dominante et avantageuse. J'étais hors d'atteinte de toutes sortes d'éléments nuisibles et à la portée de bien des objets désirables.

M. Jules me promit un nid d'oiseau rempli d'œufs. Je désirais d'autant plus ce présent que j'en ignorais la nature. M. Jules tint sa promesse. Il me rapporta de la campagne où vivaient ses parents une de ces chaudes demeures d'oiseau faites de chaume. En y fouillant de ma petite main, j'y découvris des œufs en miniature, fragiles et teintés de vert. J'en écrasais un entre mes doigts et restais perplexe devant la coque brisée et le liquide qui s'en écoulait. J'en fus déçu. Toutefois, je pardonnais à ces vains objets parce qu'ils étaient jolis.

Comme des images éparses au fond d'un tiroir, je remue en ma mémoire d'autres souvenirs de mes premières années d'enfance passées à Boulogne-sur-Mer.

Il fait froid, la neige tombe. Ma main dans la main de ma bonne, mes jambes emprisonnées dans de chaudes guêtres de cuir doublées de flanelle rouge, le nez et les oreilles sous une toque d'astrakan, je vais chercher mes sœurs aînées au cours de Mlle Perdreau.

Un soir d'hiver, dans une rue commerçante de la ville, j'admire, le nez aplati sur la vitre, la devanture brillamment illuminée d'un confiseur.

Au coin de la rue, près de la maison, je reconnais la boutique d'une vieille fille avenante. On y vend des bonbons et ces jouets à deux sous, adorés des enfants. On y trouve des cornets à surprises qui renferment quatre croquignoles, un petit objet d'étain et puis du papier, du papier qui ne contient plus rien, mais où l'on cherche encore quelque chose.

Cette réminiscence des premiers souvenirs est semblable à la découverte des premiers ancêtres. Toutes deux sont aussi intimes, aussi secrètes. Elles ne nous apportent que des images morcelées, mais d'autant plus empreintes de charme et de mystère. Nous les entourons de tous les rêves dorés de notre imagination et de notre cœur. Ce sont les légendes du passé. Comme ces nuées qui fuient en se déformant, elles aiguisent nos désirs sans jamais les lasser.

SOLDATS DE PLOMB

Les Pingouins avaient la première
armée du monde. Les Marsouins aussi.

ANATOLE FRANCE : L'Ile des
Pingouins.

Je portais encore des robes que j'étais déjà
pénétré de ce principe évident de l'Art militaire, à savoir qu'une armée est toujours la
première du monde. Je l'appliquais à la conduite de la mienne. Je savais qu'en dehors
de cette vérité il n'était point de salut pour
elle. Et, pour être certain de n'y point dé-
roger par la pratique aventureuse de la
guerre, je faisais en sorte que mon armée
combattît seulement contre elle-même.
Ainsi, la victoire et la défaite pouvaient
passer impunément d'un camp dans l'autre.
La bataille terminée, les vaincus rentraient
dans le rang avec les vainqueurs et l'on défi-
lait sous les lauriers, comme après les ma-
nœuvres.

Mon armée était aussi la plus belle du
monde. Elle était composée presque uni-

quement de soldats en plumets et en épau-
lettes, le fusil sur l'épaule, et d'officiers cha-
marrés d'or. Il y avait bien la baïonnette au
canon du fusil, mais c'était pour la beauté du
défilé ou les feintes de l'exercice. Quant aux
pièces d'artillerie, elles étaient fort rares et
tiraient à grand'peine de petites boulettes de
mie de pain. Par contre, j'avais de splendides chevaux, sages et brillants, montés par
des généraux, des cuirassiers et des hussards.

Mon armée était, en somme, une armée de
parade. En mon enfance, on avait oublié la
guerre de 1870; on ne redoutait pas celle de
1914. On fêtait, au 14 juillet, la revue de
Longchamp. Et l'on était très patriote, si
tant est que le patriotisme soit une fleur du
temps de paix.

Sous le charme de mes beaux soldats de
plomb, je considérais longtemps le métier
militaire comme une école d'enfants de
troupe, et l'armée comme une brillante compagnie. Quelle ne fut pas ma surprise et ma
déception à l'âge d'homme, en arrivant au
régiment. Je me trouvais en contact avec
des paysans mal dégrossis, des vêtements
usagés, des cuirs malodorants, des armes

lourdes, un lit composé de planches, des repas grossiers. Je me sentis rudoyer et je compris enfin que la guerre était au bout de tout cela.

Les enfants d'aujourd'hui ont des soldats de plomb qui combattent; ils ont des « poilus », le genou à terre, près de leur batterie de mitrailleuses; des grenadiers qui lancent, avec toutes les règles de l'art, leurs engins explosifs; de l'artillerie; des convois automobiles. Mais ils ont trop de « boches » qui font « camarade », et cela aussi leur sera un mal.

Mes beaux soldats, je les revois encore. Mes parents m'en donnaient une boîte, dans de grandes occasions, telles qu'une place de premier en composition.

On allait la choisir dans le magasin, au « rayon » des jouets, au milieu de la féerie des poupées et des polichinelles étincelants de grelots, de paillettes, de soies multicolores. Il y avait là les jouets permis et les jouets trop chers, ceux qu'on regarde sans même oser les désirer, parce qu'ils sont dans le domaine de l'impossible. J'ai connu toute ma vie ces jouets-là et, en fin de compte, je ne les souhaite à personne : ils sont trop beaux et pour les cœurs scrupuleux comportent trop de regrets.

Ces boîtes de soldats étaient plates, rouges avec une bordure dorée et une large étiquette représentant de splendides militaires sonnant de la trompette ou portant le drapeau. Quelques-unes étaient ouvertes afin de tenter les généraux en herbe. On y voyait des alignements d'uniformes éclatants, des enfilades de cavaliers, sabre au clair. Mais le plus beau était le fond de la boîte. Il représentait un camp avec ses tentes blanches, un fort à créneaux et à pont-levis avec ses redoutes de gazon, ou encore des armées innombrables dans un verdoyant paysage. C'est ce décor que j'aurais voulu animer, disposer à mon gré pour y mettre mes petits soldats de plomb. Je ne pouvais me résoudre à ce que cela fût impossible et je restais longtemps à rêver devant un si cruel mirage. J'ai compris par la suite, avec l'aide du temps et l'expérience, que les fonds de boîtes sont toujours inaccessibles. Nous y mettons, hélas,

tout ce qui n'est pas contenu dans la boîte :
nos rêves, nos illusions, nos vains espoirs.

J'avais la plus grande indifférence pour
le bien-être des troupes. Le couchage était
sommaire. Il consistait à entasser hommes,
chevaux et caissons pêle-mêle dans quelque
tiroir ou quelque coin d'armoire. C'était un
effroyable fouillis d'armes, de jambes et de
drapeaux ; aucun rang ne distinguait alors
l'officier du simple soldat.

Il faut voir, en cette apparence, une
image de la vie des camps. Les classes les
plus diverses de la société s'y coudoient
sans cesse. De cette rude fraternité d'armes
est née cette bonhomie particulière des
grands capitaines envers les plus humbles
de leurs hommes. Il ne s'agit point ici de
cette sorte de feinte qui ressemble à la
caresse du dompteur lorsqu'il passe le man-
che de son fouet sur l'échine des fauves,
mais bien de cette distinction qui ne craint
pas le contact du flot populaire. Hélas, bien
rares sont les chefs dont l'autorité repose
ainsi sur leur propre valeur. Combien cher-
chent en vain le prestige en édifiant des

barricades et en creusant des fossés autour de la place éminente où les a mis leur naissance, ou quelque moyen de fortune.

Je dois dire que si le casernement laissait à désirer, j'avais par contre, à l'exercice, un grand souci de l'alignement. A tel point que je prenais une règle pour appuyer la base rectangulaire et verte de mes hommes, puis fermant un œil, je visais de l'autre entre les jambes de chaque rang pour constater la parfaite régularité du défilé. Mon père prétendait se mêler quelquefois de l'affaire et prenait le commandement de mes troupes. Il les disposait avec une grande négligence et ce n'était pas sans une irritation difficilement contenue que je suivais les opérations.

Mon père, qui finissait par percevoir mon humeur, abandonnait enfin le terrain de manœuvre, en déclarant que je n'y connaissais rien et que je rangeais mes soldats comme des sardines.

Etant général, j'aimais l'uniforme. J'en possédais plusieurs, d'armes différentes, tous fort usagés et en très mauvais état. Mais j'en confectionnais par moi-même qui résistèrent plus longtemps que les autres. C'est ainsi que je me fis une cuirasse d'un vieux corset de ma mère et une crinière de casque d'une natte de faux cheveux que je dérobai à une de mes tantes, restée vieille fille. L'uniforme de cuirassier est évidemment le plus avantageux; je ne l'ignorais pas. Enfin, pour cacher mes mollets nus, j'enfilais une culotte longue qui avait vu de beaux dimanches et n'avait plus de fond. Ma mère ne me célait pas que j'étais ridicule, mais je n'ajoutais pas foi à ses dires, pensant qu'elle était jalouse d'une aussi brillante tenue. Tant il est vrai que chacun se voit tel qu'il se veut voir, c'est-à-dire sous le jour le plus favorable.

La bataille était bien autre chose. Je ne pâlissais pas sur les plans d'attaque. Je ne recherchais pas les stratagèmes et les feintes. Je saisissais tout simplement deux poignées de soldats et je les frottais énergiquement les uns contre les autres. Les malheureux sortaient de là, les armes brisées, les membres aussi et la peinture fort endommagée, mais cependant vainqueurs.

Il semblera superflu d'ajouter, après cet exposé, que je n'ai pas conservé mes soldats de plomb. J'admire les amis soigneux qui gardent encore, au fond de quelque armoire, une boîte des soldats de leur enfance. Les miens sont morts, bien morts... et j'aime mieux cela. Car de les revoir avec mes yeux d'à présent, de les sortir de leur passé, il me semble que je serais semblable au sacrilège qui déroulerait les bandelettes de son dieu.

CHEVAUX DE BOIS

J'aime les chevaux depuis l'âge le plus tendre. Je les aime pour leur beauté farouche, pour leurs allures superbes, pour leur force et leur feu.

J'ai possédé, dans mon enfance, des chevaux et des écuries innombrables. Ma plus ancienne écurie était composée d'une stalle de chêne où piaffait un poulain à tous crins, en miniature, et d'une remise où une petite charrette anglaise levait ses brancards. Au-dessus de la remise, était une grange, à l'aire de laquelle un charmant palefrenier en sabots, en pantalon rayé, en blouse bleue, en bonnet de coton, tirait à la poulie une botte de foin. On pouvait mettre le cheval dans les brancarts, le meunier dans la voiture et... hue, Cocotte! Vous voyez d'ici les randonnées à travers la table de la salle à manger.

Je conservai cette écurie longtemps et lorsqu'elle fut vieille, je la peignis en bleu de Prusse. Je la couvris de nombreuses couches de peinture, ce qui n'était pas dénué de raison, puisque chacun sait, dans le bâtiment et même par ailleurs, que la peinture rafraîchit et conserve.

J'eus aussi de grands chevaux pommelés, en carton, que je montais. Mais une fois dessus, je ne pouvais faire plus. J'avais beau battre leurs flancs du talon, ils ne partaient pas. Ils avaient l'air bête et cela m'apprit à connaître plus tard certain côté du cheval, qui est celui par lequel nous le dominons.

Le plus beau cheval de mes jeunes années fut un cheval mécanique.

Mes parents l'avaient introduit à la maison en grand mystère, quelques jours avant le premier de l'an. J'avais surpris, lors de son arrivée, des bruits de roues et de grelots. On m'avait éloigné dans le fin fond de l'appartement. J'avais entendu ouvrir, puis refermer à clef la porte du salon. J'avais bien essayé de regarder par le trou de la serrure. Mais les volets étaient fermés;

on ne percevait que l'obscurité et le silence le plus profond. Pourtant mon cheval était là.

Le jour de l'an, de bon matin, je fus en chemise, dans la chambre de mes parents. Les rideaux n'étaient pas encore tirés et, dans la pénombre, je vis le splendide appareil au chevet du lit. Ce magnifique animal éternellement au galop était perché sur deux énormes roues. Une troisième roue plus petite placée sous ses pattes de devant et munie de pédales, permettait de diriger sa course fougueuse. Enfin, il avait dans le crâne une manivelle que l'on tournait à la force des bras et qui lui imprimait des soubresauts, des bonds en arrière ou en avant aussi bien que toutes les allures.

Je sautai aussitôt sur le dos de cet ardent coursier et je partis dans l'allée cavalière de l'antichambre avec un bruit infernal de chaînes et de roues.

Un cheval mécanique! Quoi de plus parfait? Je sais bien que d'audacieux cavaliers vous diront qu'ils préfèrent ne pas monter à cheval plutôt que de se laisser porter par des bêtes inoffensives. Il leur faut des chevaux qui soient capables de ce qu'ils appellent crânement « des gaîtés » ou « des blagues ». Il s'agit en l'espèce de pointes, de ruades, d'écarts violents, de demi-tours ou de sauts-de-mouton sur place, susceptibles de laisser son homme pantelant sur le terrain. Mais combien en ai-je vu de ces matadors de l'équitation dont le moins que l'on puisse dire est qu'ils pâlissaient subitement aux rudes incartades de leur monture. Par contre, leur visage s'épanouissait, en un petit galop de chasse bien cadencé, ou en quelque randonnée paisible et saine au trot enlevé, lorsque les sabots du cheval foulent avec souplesse un terrain ameubli ou sonnent franchement et gaîment sur « le dur ».

Ah! Messieurs les cavaliers émérites, qui demandez à l'écurie un cheval qui « marche » et qui bondisse, combien de fois n'avez-vous pas, sur le dos de la bête, au cours de votre violente et hasardeuse promenade, les doigts crispés sur les rênes, et pour les plus experts d'entre vous, les genoux rivés à la selle, souhaité de tout votre

cœur humain et poltron un cheval mécanique!

Je ne vous jetterai pas la pierre. Comme
vous, je fus présomptueux. Comme vous je
risquai ma tête et mon échine pour paraître
aux yeux des foules courageux par pen-
chant naturel et souriant dans le danger.
Voici l'histoire. J'avais sept ans à peine.
Sept ans, cela se compte vite sur les doigts!
Je n'avais guère de passé et l'avenir s'ouvrait sans limites devant moi. Ma mère me
menait quelquefois sur les chevaux de bois
d'un manège, au jardin du Luxembourg.
Ce manège tournait, tournait fort paisible-
ment, au son d'un orgue de Barbarie, sous
les yeux attentifs des mamans. Les cavaliers avaient une lance; ils tâchaient à dé-
crocher des anneaux et l'on distribuait aux
porteurs de ces trophées un sucre d'orge tor-
tillé. Or, je conçus le dessein de changer
de cheval au cours de cette randonnée gira-
toire. Ce dessein, je le portai en moi-même
durant de longs jours. Je le mûris, je le mis
à exécution.

La grande difficulté à vaincre provenait
de ce que j'étais solidement attaché sur

mon cheval, à l'aide d'une courroie. Ce jour-là, je priai et suppliai si fort que je fus abandonné à mon propre équilibre. Le manège s'ébranla et tandis qu'il prenait de la vitesse, je sentis mon cœur de gamin battre aussi vite que les baguettes des Africains qui jouaient des cymbales sur l'orgue de Barbarie. Puis, le moment venu, je m'élançai, en fermant les yeux, vers le cheval voisin. Je roulai dans la poussière, sous les sabots ankylosés des chevaux de bois qui me firent quelques horions à la tête. Cela s'appelle, je crois, en terme de manège, « le coup de l'adieu ». On arrêta la cavalcade et la musique au milieu des cris éperdus de ma pauvre mère.

Je sortis de cette aventure étonné et meurtri. Ce fut la première entreprise où je me lançai de façon téméraire et inconsidérée. J'éprouvai alors le même choc brutal et le même sentiment de désespérance que je ressentis par la suite au contact de quelque dure réalité dont j'avais négligé de tenir compte, soit par bravade, soit par entêtement, soit par simple ignorance.

Toutefois, je ne regrettai pas cette entreprise. J'avais, dans son attente, vécu des jours incomparables. Les illusions ne sont-elles pas la plus belle nourriture de l'âme? Elles sont comme cette avoine de feuilles mortes que je prodiguais à mes chevaux de bois et grâce à laquelle ils traversèrent à mes côtés bien des épreuves.

LIVRES D'IMAGES

Ils sont très anciens, si l'on considère que les « Miroirs » où la xylographie s'allie à la typographie, datent du Moyen Age. L'un d'eux, le « Speculum humanæ salvationis », formé de feuillets imprimés et d'estampes, fut composé par un moine bénédictin, au début du XIVe siècle.

Ce nom de « miroir » donné aux premiers livres dans lesquels le texte ne sert que de légende à l'image, est caractéristique. On entend désigner ainsi un moyen pour les hommes de se connaître ou de connaître quelque chose pouvant leur servir de modèle.

Aussi, ces miroirs sont-ils inspirés de préceptes théologiques et philosophiques ou de légendes et complaintes religieuses.

De nos jours, les livres d'images des enfants sont restés fidèles à cet art primitif. Ils sont remplis de vieilles traditions plus ou moins déguisées et d'éternelles maximes morales.

S'ils retracent les événements courants de l'enfance, leur dénouement, loin d'être conforme à la réalité, se déroule suivant cette sorte d'honnêteté conventionnelle, qui se manifeste dans les réunions publiques et qui est l'hypocrisie des foules. Le vice est donc puni et la vertu récompensée. Les enfants passionnés et désobéissants hurlent sous la fessée et le martinet. Leurs camarades naïfs et soumis se régalent de galette et de confitures.

Nos instincts secrets y reprennent cependant quelquefois le dessus, sous la forme d'un bandit magnifique ou d'un gamin pernicieux, tels Robert Macaire et Guignol. Et la lâcheté populaire s'y divertit aux dépens des misères humaines, ce qui est d'une portée morale contestable, mais d'une pratique fort courante.

Ces livres d'images sont simples et de couleurs vives. Ils retiennent l'attention sans efforts. On y voit des personnages vêtus d'or, de pourpre et d'azur; ainsi qu'une végétation vert-bouteille sous un ciel d'indigo.

En résumé, ils sont sans distinction. Mais, comme me le disait mon grand-père, la distinction ne se mange pas sur du pain. Or, il faut à l'esprit des enfants comme à celui des hommes de larges tartines de grossières illusions.

Il ne manque à ces œuvres que l'attrait du bruit et du mouvement. De nos jours, le cinéma a réalisé un tel idéal. Toutefois, n'ayant pu coordonner la parole aux gestes des personnages, il la remplace par une musique dont les accents suivent les péripéties du drame. Mais si cet art nouveau s'inspire encore, grâce à la collaboration de quelques écrivains à grand tirage, de l'image d'Epinal et du roman-feuilleton, il faut, par contre, le louer hautement de l'intérêt documentaire et de la valeur artistique de nombreuses prises de vue. De cette façon, il contribue à l'éducation du peuple. Enfin, il présente, sur le théâtre, l'avantage de substituer au décor le milieu naturel, et tend, par là même, à rendre le jeu de l'acteur plus large et plus pathétique. Le cinéma est donc intéressant, parce qu'il nous fait lire au plus beau des livres d'images qui est celui de la nature animée.

Pour nous-mêmes, citadins, qui ne connaissons que l'étroit horizon des villes, n'est-ce pas une lecture attrayante que de regarder, au cours d'une promenade, le spectacle de la rue sous le soleil d'un beau jour? Nous y sentons fondre et s'écrouler nos préjugés; nous y apprenons à vivre; nous y reconnaissons parfois « les effets du bon gouvernement ».

C'est un tel et si réjouissant tableau que le Maître Ambrogio Lorenzetti peignit à fresques, entre les années 1337 et 1339, aux murs du Palais Public de Sienne. On y voit les rues étroites monter vers les remparts de la ville et les maisons étager leurs mille fenêtres, leurs toits crénelés et leurs tours. Au premier plan, un groupe de jeunes filles danse au son du tambourin; une marchande s'en vient le poing à la hanche, et sa corbeille sur la tête; un paysan tenant son âne par la bride est arrêté devant l'échoppe d'un cordonnier. La première maison de face laisse entrevoir, par une large baie, le maître d'école en sa chaire et les écoliers penchés sur leurs pupitres. Dans une rue transversale, un bourgeois chemine sur son cheval. Au côté d'une petite place, se tient l'écrivain public, dans la cohue des passants et des mulets de bât.

Mon grand-père, qui avait l'expérience du cœur humain, me fit un livre d'images. Je le possède encore. Je le feuilletais autrefois de mes doigts d'enfant. J'en caresse aujourd'hui, d'une main rêveuse, la couverture de molesquine qui s'effiloche. Je recherche à chaque page de ce précieux manuscrit des impressions fugitives et lointaines. Le soir, avant dîner, au retour de la promenade, lorsque l'on goûte, après la fraîcheur de l'air, l'atmosphère tiède du logis, j'ai longuement contemplé, jadis, ces naïves images. J'étais assis sur une chaise haute, les coudes sur la table de la salle à manger, les doigts enfoncés dans mes cheveux, sous la lumière dorée d'une grosse lampe. Ou bien encore, je me tenais sur les genoux de ma mère, qui devait me répéter à chaque image la même légende que je connaissais mieux qu'elle. Je la reprenais lorsqu'elle oubliait quelque détail. Et ma mère me disait avec malice :

— Pourquoi me demandes-tu de te raconter cette histoire? Tu la sais mieux que moi.

Tant il est vrai que le plaisir que nous cherchons dans un livre est souvent d'y retrouver certains états d'âme, plutôt que d'y apprendre quelque nouveauté.

A l'occasion d'un événement tragique et exceptionnel, je demandais à ma mère, avec cette grâce sérieuse des tout-petits qui ne comptent que quelques années :

— Maman, est-ce que j'étais là?

Ma mère souriait à cette question, et suspendait son récit, en me serrant contre elle.

Je ne veux pas ici recopier le livre de mon grand-père, encore qu'il présente de l'intérêt pour maints lecteurs adultes. Mais je ne puis passer sous silence la plus belle et la plus attrayante histoire : celle des « Bohémiens voleurs d'enfants », pièce en sept actes et huit tableaux.

Je ne décrirai que le dernier tableau qui représente la bande des Bohémiens capturés, après de nombreuses péripéties, par le brigadier Courtepatte et le gendarme Furet.

Le chef de la bande, encore revêtu d'un maillot de diable rouge dont la queue pend lamentablement, sa femme la bohémienne, et les six enfants sont enchaînés à la file et par ordre de grandeur. Le sixième enfant, qui ne compte que quelques mois, est nu et renversé, jambes et bras en l'air, dans un petit berceau à roulettes. Les deux gendarmes, sabre au clair, ouvrent et ferment la marche. Le cortège passe devant un poteau d'octroi où deux moineaux mélancoliques sont perchés. Le soleil se lève à l'horizon.

Ce spectacle m'emplit d'une grande anxiété. Je fis remarquer à mon grand-père que les enfants avaient été volés et que l'histoire n'était pas terminée puisqu'ils étaient injustement conduits en prison. Les tendres sentiments de mon cœur, suscités par le souci de moi-même en de pareilles circonstances, restaient inassouvis.

Mon grand-père comprit ma peine. Il y voulut porter remède. Il voulut baisser le rideau sur une exclamation satisfaite du public. Il se laissa tenter par l'attrait des applaudissements. C'est pourquoi, après réflexions, il ajouta ceci :

« Ah! enfin pincé, Lepître et puis sa coquine de voleuse de femme : celui-là en pantalon rouge, c'est leur petit gueux de vaurien de fils qui les aidait à voler les enfants et qui les battait encore! — On ne peut plaindre cette fille en jaune, qui le suit, car celle-là, avant d'être volée, avait plus de vingt fois désobéi à ses parents, en rôdant dans la campagne. Mais pour ce petit en bleu, c'est bien malheureux, car cela ne lui était arrivé qu'une fois. — Et puis ces deux autres si jeunes et sans défense! — Ah! gredins de bohémiens! N'est-ce pas hier encore qu'ils ont dérobé ce nouveau-né dans son berceau? Quel triste sort que celui de ces enfants volés! Mais le capitaine fera rechercher leurs parents et ils vont être rendus à leur famille. »

LES IMBERGÈRES

Dès que je mettais le pied sur le sable blond et velouté de la terrasse, au bas du perron de la vieille maison de Sceaux, c'était pour moi les vacances. Mes pas y faisaient un bruit sourd : paf... pouf. Ce bruit résonnait doucement dans ma tête, comme si j'avais mis du coton dans mes oreilles. Pour mieux l'entendre, je partais en courant : paf... pouf... paf... pouf.

Devant la terrasse, il y avait une vaste pelouse, plantée de marronniers, et de chaque côté de la pelouse, une allée bordée de géraniums. Cette entrée du jardin tenait exactement la largeur de la maison et était solidement flanquée, de part et d'autre, d'une clôture d'arbres et de fusains taillés.

Face au perron, on apercevait à travers les arbres et la pelouse quelques degrés de pierre, un potager en contre-bas, puis les communs, composés de la maison du jardinier, d'une petite écurie et d'un chenil.

Ce n'était pas vers cette région que je dirigeais ma course. Je descendais au long de la pelouse, par l'allée de droite, jusqu'au bout de la haie de fusains. Puis je tournais, toujours à main droite. Là se trouvait le paradis.

On n'y redoutait pas d'être vu de la maison. Le vieux logis était semblable à un cheval muni d'œillères; il ne prenait regard que dans le champ de ses futaies. Encore avait-il cette infériorité sur le cheval de ne pouvoir tourner la tête.

A droite, je disparaissais donc. J'étais hors de contrôle. C'était la liberté.

Cette partie du jardin revêtait pour moi un aspect sauvage et merveilleux. Elle cachait une allée ombragée de tilleuls, sombre et profonde, marquée de la tache blanche d'un banc de pierre. Une balançoire était suspendue aux branches robustes. Quel secret plaisir, lorsque le soleil d'après-midi dardait de ses feux le sable jaune de la terrasse et que les parents reposaient à la maison, de s'en venir à pas feutrés dans l'allée des tilleuls, prendre place sur la balançoire. D'un coup de talon, on partait, léger comme l'oiseau. La poutre posée au travers des branches geignait doucement. Les crochets de fer des cordes grinçaient dans leurs anneaux. Après s'être envolé vers les branchages, on retombait, l'estomac creusé, les pieds rasant le sol dans une course vertigineuse; puis on partait de nouveau vers les cimes. Ce plaisir se prolongeait indéfiniment, dans l'ombre de la bonne allée où les feuillages, sous le soleil, remuaient leur dentelle. Et la balançoire chantait en cadence.

Non loin était un bassin entouré de buis, où miroitaient dans l'eau verdâtre des poissons rouges. A l'entour, de petites allées décrivaient leurs courbes parmi les massifs de fleurs et les arbres fruitiers. Deux tonnelles feuillues se faisaient face dans une clairière en miniature. C'est de là que j'écrivis, adolescent encore, ces lignes retrouvées au fond d'un tiroir :

« Impossible de travailler ce matin! Aussi, c'est bien ma faute. Je suis allé m'asseoir au fond du jardin, sous une tonnelle envahie par la verdure; et lorsque je vais en cette tonnelle, je suis certain de ne pouvoir rien faire que rêver.

« Je me suis installé là, avec mes livres : du grec, de l'histoire, bien résolu à étudier jusqu'à midi.

« Il fait une température très douce. A travers le dôme des feuilles, j'aperçois un ciel matinal, sans nuages; il semble très haut; des hirondelles virent, les ailes frémissantes.

« J'ouvre mon livre et, tout de suite, sur la page blanche, un insecte d'or vient se poser. Il est si joli que je ne veux pas le chasser. Il court, affairé, par les allées que font les lignes noires, il court très vite vers ma main... Le voilà, immobile, sur mon pouce... Soudain, il ouvre des ailes de gaze irisée et s'envole... disparaît dans un rayon de soleil. Je l'ai suivi des yeux et reste le regard perdu, à l'endroit où il s'est évanoui.

« Un souffle léger, sans doute quelque esprit malfaisant, a tourné les pages de mon livre pendant que je regardais la petite chose aux ailes de gaze; il faut que je retrouve le chapitre XII de mon « Criton ». Je commence, le sourcil froncé, à répéter le dialogue, comme une machine, mais mon esprit est ailleurs. Un oiseau vient d'arriver dans les branches, avec un frou-frou de plumes et de feuilles qui me fait sursauter. Il ne m'a pas vu et tandis qu'il hoche sa petite tête, je l'observe soigneusement. Il est tout près de moi et chante à sa manière, par cris saccadés en tendant sa gorge fauve. Un autre oiseau lui répond dans les arbres voisins. Leurs cris se succèdent, rapides, avec une monotonie comique.

« Autour du bosquet, j'aperçois des gazons bigarrés de fleurettes blanches, jaunes, bleutées; des rosiers qui embaument; les uns portent des fleurs lourdes et pourpres, les autres balancent des touffes de roses blanches dont les feuilles semblent fines et cassantes comme des coquilles de nacre. Des bourdons au corsage mobile rôdent auprès. Je vois aussi de l'ombre, du sable frais, de l'eau et de grands arbres dont les fûts montent, vertigineux, dans la clarté du ciel.

« J'admire ces enchantementes de mon

observatoire, à travers les créneaux taillés dans l'épaisse verdure. Personne ne peut deviner ma présence, et je suis si bien là, tout seul! — J'entre dans ma cachette en écartant les branches et le rideau bruissant se referme derrière moi.

« Voilà les enfants qui passent : ma plus jeune sœur et ma plus jeune cousine; elles ont des fleurs dans les mains et bavardent, mêlant leurs voix à la sourde rumeur de la campagne. C'est une fête de printemps qui commence.

« Alors, je rêve et n'est-il pas délicieux de rêver en cette tonnelle? »

Mon paradis renfermait encore l'orangerie : une grande bâtisse éclairée de baies à petits carreaux. La haute porte vitrée était lourde à ouvrir. Elle vibrait longuement, en frottant sur les briques du sol. Au fond de l'orangerie s'élevait une cheminée monumentale en bois peint. La salle était encombrée d'arbrisseaux en caisse, de cloches à melons, de liens pour les boutures et d'ustensiles de jardinage. On y respirait l'odeur humide et chaude des terreaux.

Cette partie du jardin se prolongeait comme celle de gauche par un potager en contre-bas. Les deux potagers étaient séparés par une maison enclavée dans la propriété. On accédait au potager de droite par deux escaliers situés à chaque extrémité d'un petit mur. Toujours quelque lézard se chauffait au soleil sur la pierre, prêt à disparaître dans une fissure dès l'approche d'un promeneur. Ce potager était entouré de framboisiers et de groseilliers. Au milieu s'épanouissait une roseraie. Tout au fond, le long de la route de Fontenay, était un hangar à bois que surplombait un prunier. Je me souviens d'un après-midi passé sur le toit du hangar, en compagnie d'une cousine, à cueillir des prunes que nous jetions ensuite aux gamins du pays accourus sur la route. Nous eûmes certainement en ce jour l'impression de nous sentir au-dessus des autres et de répandre l'abondance autour de nous. Nous oubliions que les prunes n'étaient pas nôtres, ressemblant ainsi à ces généreux donateurs qui prodiguent le bien d'autrui.

Les jours de pluie, je me réfugiais dans la bibliothèque, située tout en haut de la maison. Cette pièce était basse de plafond, mais assez vaste, éclairée de deux fenêtres en vis-à-vis, l'une sur la cour, l'autre sur le jardin. Ses murs garnis de livres, un épais tapis, des tentures de velours amortissaient tout bruit. Un vaste canapé de cuir rembourré de coussins et un grand bureau de style Louis XVI occupaient le milieu. J'ai passé là de longues heures, assis sur le canapé, les coudes sur la table, la tête dans les mains et les yeux dans mon livre. Il y avait aussi une bonne place devant la fenêtre du jardin, dans un grand fauteuil, auprès d'une table volante. — J'ai remué en cette bibliothèque des livres anciens, des romans, des cartes, des dictionnaires. Mes investigations avaient lieu sans autre but que celui de me distraire, sans autre méthode que ma fantaisie.

Je me livrais également dans cette pièce accueillante et recueillie, à quelques essais littéraires. J'entrepris un roman. Je ne sais plus quelle en était l'intrigue. Je ne le sus peut-être jamais. Le roman resta inachevé.

Mais je me souviens que dès le premier chapitre et au bout de quelques lignes, le héros embrassait l'héroïne.

J'ai toujours été paresseux pour recopier ma prose, et déjà ce défaut se manifestait. Aussi avais-je jeté mon dévolu sur ma sœur aînée qui était douce et calme et avait une belle écriture. Je la poursuivais à tout moment pour obtenir qu'elle mît mon œuvre au net. Mais ce travail n'était pas plus tôt fait que je trouvais à corriger de nouveau.

Enfin, le premier chapitre fut achevé. Comme je gardais le plus grand secret sur mon manuscrit, je ne convoquai à la lecture de ces pages que deux personnes : ma sœur aînée et la jeune maîtresse de maison, ma cousine. Je les emmenai dans la bibliothèque, je les fis asseoir sur le canapé, je me plaçai entre elles deux et c'est d'une voix basse où je ne voulus mettre aucun effet que je leur donnai audition. Je dois avouer qu'elles me firent quelques critiques, sauf sur le passage du baiser que je dus répéter.

Les Imbergères appartenaient à la sœur de ma grand'mère maternelle, à son fils resté veuf et à la fille unique de celui-ci. Nous étions fort nombreux en cette hospitalière demeure où je me trouvais à l'aise, étant seul garçon au milieu de trois sœurs et de quatre cousines.

Le maître de maison que nous appelions notre oncle, était un grand et bel homme qui cachait sous des façons brusques et bourrues un cœur généreux et un solide esprit de famille. Tout tremblait devant lui et pourtant il était bienfaisant. J'observais de mes yeux d'adolescent divers traits de son caractère dont j'ai compris, depuis, la portée.

Le soir venu, au retour de ses affaires, il aimait, après dîner, à faire le tour de sa propriété. Sa fille lui donnait le bras. Nous l'accompagnions aussi par petits groupes. On cheminait par les allées au sable velouté, sous le beau ciel étoilé de juillet ou d'août. Mon oncle s'intéressait aux fleurs, aux arbres, au potager. Il questionnait le jardinier. Il arrachait une plante parasite. Il donnait des ordres pour l'embellissement de son jardin au soin duquel il s'intéressait. Ces goûts me révèlent à présent une nature simple et foncièrement bonne qui savait oublier le souci des affaires pour goûter la douceur de la nature et l'intimité du foyer.

Un matin, de bonne heure, j'étais à la fenêtre de ma chambre qui donnait sur la cour d'entrée. Je pensais être seul éveillé dans la maison silencieuse. J'allumai une cigarette que je tenais du valet de chambre, lequel la tenait de la boîte de son maître. Je fumais avec complaisance et toutes les manières d'un homme, lorsque je remarquai le rideau soulevé d'une fenêtre en face de la mienne, et sous le rideau, le regard aigu de mon oncle. Ce ne fut qu'un instant et le rideau tomba... ma cigarette aussi. Le dîner venu, je pensais bien recevoir, en famille, une verte semonce. Il n'en fut rien. Mon oncle absorba, suivant son habitude, une grande jatte de potage et deux œufs frais avant de commencer à dîner; il cria fort contre les notaires et les pharmaciens qui sont des gens à formules et contre lesquels il paraissait avoir des griefs; mais il ne souffla mot de ma cigarette. Ce méfait resta entre nous et la discrétion de mon oncle fut pour moi la meilleure leçon, en même temps que la révélation de son cœur.

La famille de ma grand'mère maternelle était de bonne bourgeoisie. Les photographies que j'en possède ne trompent pas. Les visages y reflètent une expression digne et calme que l'on ne trouve plus de nos jours, où les nécessités tiennent lieu de parole et de signature.

L'une de ces photographies est particulièrement édifiante. On y voit un groupe de famille réuni autour d'une table, dans un jardin, entre deux massifs. Au centre du groupe est assise mon arrière-grand'-mère, les yeux baissés sur un album. Ses cheveux forment aux tempes deux grosses boucles grises. Un bonnet de dentelle les couvre à demi, dont les rubans descendent sur les épaules et le corsage. A sa droite est mon grand-père, alors âgé de trente ans. Ses cheveux, sa barbe, sa cravate négligemment nouée, lui font une belle tête romantique. Son regard rêveur semble éviter l'objectif. Ma grand'mère est auprès de lui. Elle a vingt ans et porte une robe de soie noire à crinoline, garnie d'un large ruché. Un nœud de ruban orne son cou. Ses cheveux moirés sont coiffés en bandeaux et relevés aux tempes. Elle semble une enfant et fixe franchement l'opérateur de ce regard sérieux et un peu dur qu'elle avait parfois.

A la gauche de ma bisaïeule est assise sa fille aînée, que ma grand'mère appelait avec tant de naïve componction : « Marie, ma sœur ». Elle est encore plus élégante et sa robe à crinoline qui couvre la moitié du bas de la photographie fait penser au mot de Toussenel : « La femme commence à tenir beaucoup de place dans le monde ». Son fin visage est doux et souriant. Debout, en second plan, les mains appuyées à son fauteuil, son mari se penche tendrement vers elle.

On voit, au fond, un jeune homme à favoris, grave et les bras croisés, puis un élégant personnage en pantalon et gilet blancs, jaquette noire gansée de soie et chapeau haut de forme à petits bords. Il s'agit là de Jules Béclard, médecin et physiologiste, alors âgé de trente-huit ans environ.

Ses succès comme professeur lui valurent, en 1881, le décanat à la Faculté de Médecine, et, en 1886, le grade de commandeur de la Légion d'honneur. Il était fils de Pierre - Augustin Béclard, chirurgien et anatomiste. Celui-ci était issu d'une famille de petits commerçants. Il dut à son travail opiniâtre et à son rigoureux esprit de méthode d'accéder à l'Académie de Médecine. On le surnommait Grandisson, sans doute par comparaison avec le héros élégant et vertueux du roman de Richardson.

De célèbres chirurgiens furent toujours amis de ma famille [1]. C'est ainsi que j'ai connu parmi les hôtes des Imbergères deux hommes dont je revois encore la silhouette. L'un était de physique épais et lourd. Il avait de bons yeux sous d'abondants sourcils, une forte moustache et des épaules rondes et voûtées. C'était le chirurgien Nélaton, fils du célèbre Auguste Nélaton, professeur de clinique chirurgicale à la Faculté de Paris, Membre de l'Académie de Médecine et de l'Académie des Sciences. Cha-

---

[1] Perrenot Le Chamberlant. Chap. I et II.

cun connaît la célèbre intervention d'Auguste Nélaton auprès de Garibaldi, blessé à Aspromonte, en 1862. Sa clientèle était si nombreuse qu'il dut se démettre de sa chaire à la Faculté. L'autre était un fort bel homme à cheveux gris, d'une grande distinction d'allures. Il s'avançait sanglé dans une redingote, le chapeau en main, le pantalon tombant sur d'impeccables guêtres. Il avait des yeux pétillants et rieurs, un nez et une moustache des plus majestueux. Ses mains étaient énormes. Le pouce et l'index formaient une pince imposante. Il me saisissait parfois le bras ou la tête et je sentais ses doigts experts et musculeux me palper les os avec délicatesse et sûreté. Son nom était Paul Berger. Il était chirurgien des hôpitaux et professeur à la Faculté. Son neveu, Jean Berger, un grand garçon aux yeux d'ardente intelligence, devait plus tard suivre dignement ses traces et donner à ma famille des preuves de son dévouement en même temps que de son habileté opératoire.

. . . .

La vieille maison de Sceaux subsiste encore, avec sa terrasse et son allée de tilleuls. Mais le maître soigneux et familial qui l'habitait n'est plus. Avec lui s'en est allée un peu de l'âme de la chère demeure. Je le devine plutôt que je ne le sais, non sans mélancolie, car si l'on conte le passé, on ne le fait pas revivre.

L'ABBAYE DE SAINT-VINCENT

Au flanc d'une vieille église, une tour
carrée, haute de quarante mètres, percée
d'arcs ogivaux et surmontée d'un toit d'ardoises à quatre pans; un vol de cor-
neilles qui vire alentour; un ciel d'hiver
uniformément gris... telle est la vision pré-
cise que j'ai gardée de Saint-Vincent.

J'ai passé là quatre ans de mon enfance.
Depuis lors, de nombreuses années se sont
écoulées. Mais toujours aussi poignant est
le serrement de cœur que j'éprouve à revoir
l'antique clocher.

Maintenant que l'âge est venu, que j'ai
visité de nouveau ces lieux et médité leur
histoire, je comprends mieux l'impression si
profonde qu'ils laissèrent en moi.

Vieux Saint-Vincent, ta haute tour projette au seuil de ma vie une ombre dé-

mesurée que le soleil des beaux jours ne fait que rendre plus noire. Mais il s'y mêle un charme qui est celui du pays de Valois, et de la bonne ville de Senlis où tu es en-châssé comme ces frustes gemmes au bandeau des Vierges de Majesté. Ton austère silhouette domine ces campagnes de l'Oise aux lignes légères, aux collines boisées. C'est vers toi que mes aïeux, laboureurs de lin et vignerons, descendirent à travers le Beauvaisis, des villages d'Airion et de La Bruyère, qui furent leurs berceaux. Leur fils François, le procureur, a souvent con-templé tes robustes murailles, qui devaient, après bien des années d'exil de sa descendance, abriter l'enfance de son arrière-petit-fils.

Les abbayes de France renferment toute notre histoire. L'abbaye de Saint-Vincent, en particulier, compte plus de huit siècles et demi d'existence et présente une longue succession d'événements et de péripéties [1].

---

[1] Notice sur l'ancienne Abbaye Royale de Saint-Vin-cent de Senlis, par l'abbé MAGNE, Supérieur de l'Institu-tion Saint-Vincent. (*Mémoires de la Société Académique*

Elle fut fondée en l'année 1065, par la reine Anne, fille de Jaroslaf Vladimiro-vitch, grand-duc de Russie, et femme de Henri Ier, roi de France. Voici à la suite de quelles circonstances. La reine Anne se désespérait de ne pas avoir d'enfant. Elle fit vœu envers saint Vincent, diacre et martyr de l'église de Saragosse, alors en grande vénération, d'élever sous son patronage un monastère, s'il obtenait pour elle la grâce de mettre au monde un fils qui pût succéder à la couronne de France. Sa prière fut exaucée. Anne eut un fils, Philippe, qui, « comme un soleil naissant, dissipa tous les nuages de son affliction ».

La reine vint alors établir sa cour à Senlis, qu'elle aimait « tant pour la bonté de l'air qu'on y respire, que pour les agréables divertissements de la chasse, à laquelle elle prenait un singulier plaisir ». Un jour qu'elle traversait, au sortir de la ville, le bourg de Vietellus, elle remarqua dans un vaste pré, dénommé le Pré du Roi, une église « ruinée de vieillesse et

d'*Archéologie, Sciences et Arts du Département de l'Oise. Tome IV, 1860.*)

réduite en masure », placée sous l'invoca-
tion de saint Vincent. Anne se souvint de
son vœu et résolut de relever la vieille
église de Saint-Vincent pour en faire une
puissante abbaye. Toutefois, les années de
prospérité lui firent différer l'accomplisse-
ment de ce pieux projet. Il fallut que le
malheur la frappât par la mort de son
époux, le roi Henri, pour qu'elle songeât
de nouveau à ses engagements. Elle vint
se retirer à Senlis, son séjour préféré.
Bientôt, elle donna l'ordre de reconstruire
l'église de Saint-Vincent et de l'entourer
de tous les bâtiments et dépendances nécessaires à une abbaye. « Cette église,
dit la chronique, était construite en forme
de croix, flanquée d'un côté d'une haute
tour pour y suspendre les cloches, et de
l'autre, à savoir du côté du midi, d'un
cloître, des offices et des demeures nécessaires pour les serviteurs de Dieu. »
Elle fut consacrée le 29 du mois d'octobre de l'année 1065, sous le nom d'abbaye royale de Saint-Vincent. La reine
y voulut établir des chanoines réguliers de
l'ordre de Saint-Augustin.

Le titre d'abbaye royale nous incite à rappeler les droits de l'abbaye, à l'indépendance et à la noblesse. Le pré sur lequel existait primitivement l'église en ruines de Saint-Vincent, est ; désigné dans les chartes du temps sous le nom d'*Allodium regale*. Il dépendait d'un domaine des rois de France. Les anciens chroniqueurs de l'abbaye établissent que la ville et le territoire de Senlis faisaient partie du domaine royal, en vertu d'une cession que Gontran avait consentie au roi Childebert. Cette origine allodiale et royale de l'abbaye avait une grande importance, puisque, suivant les lois de la féodalité, elle assurait au couvent une juridiction exempte. Les armes de l'abbaye qui figurent encore en relief, au-dessus de la porte d'entrée du réfectoire des religieux, attestent cette origine. L'écusson est d'azur à trois fleurs de lys d'or, au chef d'or à trois fleurons de gueules. Il supporte la mitre et la crosse abbatiales.

Les chanoines de Saint-Vincent furent tout d'abord comblés de bénéfices et de privilèges par leur bienfaitrice. Grâce à sa haute influence, ils obtinrent des exemptions qui les plaçaient en dehors de toute souveraineté extérieure laïque et ecclésiastique. Leur abbé avait droit de haute, moyenne et basse justice. Ils étaient riches et heureux et menaient une existence conforme à leur état. Malheureusement, ils virent bientôt diminuer envers eux l'affection de la reine Anne, en même temps que cette affection s'éveillait et croissait envers un puissant et superbe vassal, Raoul de Péronne, comte de Crépy et de Valois. La reine le rencontrait à la chasse ou bien au cours de randonnées dans la campagne. Raoul était marié et il faut croire que cela avivait encore sa passion. Il advint qu'il enleva la reine et l'épousa. On prétend que les sentences de l'Eglise le forcèrent à répudier sa seconde femme. Quoi qu'il en soit, ces événements détournèrent la reine Anne de ses pieux chanoines et la jetèrent de nouveau dans le monde. L'abbaye de Saint-Vincent s'en ressentit. Il en fut pis encore lorsqu'en l'année 1074, après la mort de son nouvel époux, elle résolut d'aller finir ses jours en Russie, son pays d'origine. Elle ne manqua pas cependant, avant son départ, de recommander l'abbaye aux soins de son fils, Philippe Ier, roi de France.

Je ne veux pas entrer ici dans les épreuves et les luttes de l'abbaye à travers les âges. Je signalerai seulement qu'elle eut à défendre ses riches et nombreuses possessions ainsi que ses priviléges contre les évêques de Senlis, les baillis et les officiers municipaux.

Sa vie intérieure même ne fut pas exempte de secousses. Les religieux ne vécurent pas toujours dans l'observance de la règle. Ils se laissèrent parfois détourner du droit chemin, par la richesse et l'oisiveté. Ces errements devaient prendre fin grâce à l'œuvre de réforme entreprise vers le début du XVIIe siècle, par un jeune novice, Charles Faure, qui sous de faibles apparences, cachait une énergie sans égale. Le père Faure reçut vers 1618 l'onction sacerdotale des mains du cardinal de La Rochefoucauld, évêque de Senlis. Le jeune religieux, qui avait à l'époque vingt-trois ans, établit aussitôt l'usage des retraites spirituelles.

« Il devait en même temps continuer à Paris le cours de ses études. Chaque semaine on voyait le P. Faure un bâton de pèlerin à la main, arriver tout joyeux au milieu de ses frères, qui s'empressaient d'aller à sa rencontre, heureux eux-mêmes de le revoir. C'était toujours à pied qu'il faisait ce long trajet, sans que le chaud, le froid ou les mauvais chemins pussent jamais l'en empêcher. » [1]

Le cardinal François de La Rochefoucauld, appelé en 1622, par le roi Louis XIII et le pape Grégoire XV, à rétablir l'ordre et la discipline dans les monastères de France, voulut s'adjoindre le concours du père Faure. C'est grâce à cette collaboration que fut fondé le second berceau de la célèbre congrégation des Génovéfains qui réunissait les quarante monastères de chanoines les plus voisins de Paris. Ce berceau fut l'abbaye

[1] Abbé Magne.

de Sainte-Geneviève de Paris, dont le Cardinal de La Rochefoucauld était commandataire. Le père Faure fut élu Supérieur général de la Congrégation. Saint-Vincent lui doit la gloire d'avoir vu naître la réforme et d'en avoir doté l'église de France.

Le père Faure voulut assurer l'avenir de son œuvre, en ouvrant dans les maisons de la congrégation, des collèges ou séminaires où les enfants, dès l'âge le plus tendre, seraient élevés suivant la morale chrétienne. Son but était de recruter des religieux parmi les jeunes gens ainsi formés. Ce fut là l'origine des Collèges de Génovéfains.

L'abbaye ne fut pas sans subir le contre-coup des événements politiques. Lors de la lutte du roi Louis XI contre le duc de Bourgogne, les chanoines s'efforcèrent de garder la neutralité. Cependant Royalistes et Bourguignons ne manquèrent pas d'exercer des sévices contre le monastère. Le roi s'empara de ses revenus et le duc de Bourgogne saisit les dîmes que l'abbé percevait en Flandre. En 1417, la ville de Senlis tomba aux mains des Bourguignons et l'année suivante, l'abbé de Saint-Vincent fut fait prisonnier par eux.

En 1435, les Anglais tinrent la ville en alarme et M. de Montmorency, non content d'emprunter de l'argent et du blé au couvent pour la subsistance de ses gens d'armes, fit enfoncer les portes de l'office. A la même époque, le Concile de Bâle instituait une taxe sur le clergé, et le roi augmentait l'impôt sur les revenus des abbayes, afin de couvrir les frais de la guerre. L'abbé Jean IV, qui gouvernait alors le couvent, fut obligé de pratiquer la plus grande économie.

Trente-trois ans plus tard, les Huguenots campés à Beaumont et à Creil, au long de la vallée de l'Oise, menaçaient Senlis. On renforça la garnison aux frais des habitants et du clergé. Puis on étendit les remparts du côté de Saint-Vincent. A cet effet, on détruisit une partie des bâtiments et l'on occupa des vignes, jardins et prés dépendant de l'abbaye. C'est à cette époque que l'on dut reconstruire « de travers » le côté du monastère situé sur les remparts.

Au XVIIe siècle, ce fut au tour des Espagnols à envahir la Picardie et à camper sous les murs de Senlis. Le gouverneur de la ville, dans le but d'assurer la défense, taxa les religieux de fortes sommes et les contraignit à congédier leurs élèves.

Lors de la période révolutionnaire, les officiers municipaux de Senlis se conformèrent au décret de l'Assemblée Nationale et fermèrent les églises et maisons religieuses de la ville, parmi lesquelles l'abbaye de Saint-Vincent. Celle-ci devint successivement hôpital militaire, caserne, prison pour les prisonniers de guerre. Le 4 octobre 1804, un bail en assura la jouissance à une manufacture pour une durée de soixante ans. Ce bail fut résilié par acte de vente. Enfin, en 1836, quelques prêtres du diocèse de Beauvais devinrent acquéreurs du monastère et y établirent une maison d'éducation. Cette maison était en mon enfance, et est encore un collège dirigé par les Maristes.

Je me dois à moi-même d'avouer que je ne fus pas heureux à Saint-Vincent. J'en veux attribuer la cause à mon jeune âge, à mon humeur particulière, aux soins dont je fus l'objet avant mon entrée au collège. Il est certain que je fus de ceux-là dont Sully-Prudhomme a dit :

> On voit dans les sombres écoles,
> Des petits qui pleurent toujours.

Mon âme d'enfant s'amoindrit, se referma comme une plante sans soleil. J'ai toujours gardé de ces quatre années d'internat un certain fonds d'amertume et de doute. Longtemps après avoir quitté l'abbaye, je m'agitais la nuit en d'affreux cauchemars, rêvant que les portes du cloître étaient encore fermées sur moi.

Pourtant j'avais un ami. C'était un brave homme de prêtre : le père Leborgne. Je vois encore sa haute stature, légèrement voûtée, sa lourde démarche aux grandes enjambées, sa bonne figure marquée de rides profondes, son regard habituellement éteint qui, parfois, s'animait joyeusement. Le père Leborgne avait la réputation d'un marcheur infatiguable. Il se livrait à des randonnées dans les forêts d'alentour, soit seul, soit en tête de sa « section » d'élèves. On le voyait allonger le pas, la soutane troussée sur ses bas et ses gros souliers, une forte canne en main, le feutre à larges bords posé très en arrière sur ses cheveux gris. Il suivait à pied les chasses à courre. Il courait, remontant sa robe par-dessus les genoux. A l'intérieur du collège, une barrette à pompon remplaçait le feutre. Elle prenait sur sa tête, selon son humeur, les positions les plus diverses et les plus extravagantes. Oui, le père Leborgne était un brave homme de prêtre. Mon cœur d'enfant était allé vers lui tout naturellement. Lorsqu'il traversait le cloître, j'accourais. Il me regardait de ses bons yeux, me pinçait l'oreille ou posait sa main sur ma tête, et je sentais son large pouce glisser sur mon front pour y tracer naïvement le signe rédempteur.

Je me souviens aussi d'un bon père

qui fut mon professeur de Lettres. Notre classe était située au premier étage, dans un corps de bâtiment un peu isolé, près de la lingerie et du dortoir des « minimes ». Ses deux fenêtres donnaient sur une belle et large cour plantée d'arbres. J'aimais cette situation. Le bon père se tenait dans une petite chaire de chêne clair. Il était dans la force de l'âge. Son visage plein et frais indiquait une belle santé. Il nous faisait traduire à haute voix les textes latins, tout en allant et venant devant nos bancs. Une main dans la ceinture de sa soutane, il tenait de l'autre le livre dont son large nez semblait humer la subtile saveur. Au cours de sa marche, ses souliers à boucles, bien cirés, craquaient comme ceux d'un bourgeois cossu. J'imagine qu'il devait avoir une certaine aisance, à en juger par le drap de sa soutane qui était fin et satiné.

Il se plaisait à récompenser nos efforts par une lecture qu'il nous faisait luimème. C'est ainsi que je connus *le Roi des Montagnes*, d'Edmond About. En ces bons moments, le plus grand silence régnait dans la petite classe. J'appréciais justement ces divertissements littéraires, soit que le poële de fonte rougit dans son coin et nous fit oublier le vent des cloîtres, soit que les fenêtres fussent ouvertes sur les beaux arbres verdoyants, aux premiers jours du printemps. Le maître s'installait dans sa chaire. Il ouvrait le précieux livre à la page inachevée. Il annonçait de sa belle voix grave le titre du chapitre, puis s'arrêtait, tirait de sa poche sa tabatière, y cherchait du pouce et de l'index la poudre onctueuse, dont il aspirait ensuite profondément l'âcre parfum en se bouchant alternativement l'une et l'autre narine. Enfin, gardant en main la petite boîte, les yeux larmoyants encore, sous le picotement du tabac, il commençait la lecture. Comme la porte de la classe était vitrée, on apercevait en face, sur le palier, le guichet de la lingerie, muni d'une sonnette. Parfois, quelque garçon de service venait tirer la sonnette. On voyait le guichet s'abattre et le visage à cornette d'une bonne sœur paraître dans l'embrasure.

Le dortoir voisin était pour moi un lieu de prédilection, non par paresse comme on pourrait le penser, mais par simple besoin de solitude et de recueillement. J'avais là, par l'effet du hasard, une place privilégiée. J'étais domicilié à l'extrémité d'un rang de lits, à côté d'un vieux poële de fonte qui, à vrai dire, n'eût pas valu cent sous de l'époque, à la ferraille. Il était rond et bas sur pattes comme un crapaud. Sa carapace était fendue. Son tuyau usé par l'action du feu et de la rouille le coiffait tout droit comme d'un chapeau démesuré. Certains soirs d'hiver, lorsqu'une simple lampe en veilleuse éclairait le dortoir et qu'une torpeur planait sur les longues rangées de petits lits, j'aimais, la couverture au menton, regarder longuement le vieux poële. Chargé jusqu'à la gueule, il ronronnait doucement près de moi, comme un gros chien. Son tuyau se poudrait de paillettes incandescentes. Son fourneau fissuré se marbrait de taches rouges. Et par une fente dilatée, j'apercevais le foyer en fusion, tout l'admirable paysage des braises ardentes dont les perspectives changeaient sans cesse. Après les études sous l'œil du « père », après les récréations dans la cour glaciale, les coups de vent du cloître, l'onglée et les engelures, ah! qu'il faisait bon rêver près de mon vieux poêle, rêver et puis dormir; pleurer quelquefois, puis oublier. Pour moi, orphelin de bien des joies de mon âge, ce crapaud de fonte rougie était la chaleur, le soleil, la gaieté. Je lui parlais tout bas. Mon cœur se dilatait près de sa chaude poitrine, et la joue sur l'oreiller, je me souvenais des sommeils dans les bras de ma mère. Soudain, j'entendais glisser un pas feutré, une ombre se penchait à mon chevet et la voix basse du surveillant me faisait sursauter : « A quoi pensez-vous? Il faut dormir. » Une main enfonçait ma tête dans les draps. Tout tremblant et le cœur battant à grands coups, je fermais alors les yeux au paradis des braises.

Je goûtais les cérémonies à la chapelle. Elles venaient souvent à point pour couper une étude ennuyeuse ou une récréation forcée. En été, on trouvait sous la nef de pierre l'ombre et la fraîcheur. En hiver, les bouches de chaleur y soufflaient une chaude haleine et c'est avec délices que je déroulais mon cache-nez et quittais mes sabots. L'autel resplendissant de lumières, les chasubles d'or, la fumée et le parfum de l'encens, les accords énergiques ou langoureux des grandes orgues flattaient mes sens. Nous étions rangés en deux files, séparées par une allée centrale, sur de beaux bancs de chêne, à dossiers et à prie-Dieu, les petits en avant, les grands en arrière. Les pères se tenaient sur les côtés. Nous chantions à pleine voix des cantiques tels que celui-ci auquel je trouvais une grande poésie :

> Astre propice au marin
> Conduis ma barque au rivage,
> Préserve-la du naufrage,
> Blanche étoile du matin.

Cependant, comme je lisais et rete-

nais par goût, en des « morceaux choisis »,
de beaux vers de Chénier et de Vigny,
je n'étais pas sans ressentir la faiblesse
des rimes de ce quatrain.

Une seule déception m'est restée des
fêtes de la chapelle. Il y avait à droite
de l'autel une statue de saint Antoine
dont les couleurs tendres et l'air bon-
homme décelaient à coup sûr les origines. Evidemment, elle sortait tout droit
des ateliers de Bouasse-Lebel. De chaque côté de saint Antoine était un tronc,
l'un pour les offrandes, l'autre pour les
demandes. Un jour, où j'étais hanté par
l'ennui, je déposais dans le tronc « Demandes » un petit papier : « Bon saint
Antoine, faites que mon correspondant
vienne me chercher. » J'appuyais cette
requête d'un bel écu de cinq francs que
je fis résonner au fond du tronc « Offrandes ». J'attendis en vain. Mon correspondant ne vint pas, et saint Antoine
garda mon écu. Depuis, j'ai appris qu'il
ne faut rien exiger du ciel dont nous ne
pouvons pénétrer les secrets desseins, et

qu'il est raisonnable de prendre en patience le sort qui nous échoit.

On nous menait, deux fois par semaine, en promenade dans les forêts environnantes. Cela se passait en rangs, par division : minimes, petits, moyens et grands. On avait choisi pour ces sorties bi-hebdomadaires, des jours ouvrables. De telle sorte que nous n'étions jamais mêlés à la population de la bonne ville de Senlis. Nous ne voyions jamais ces groupes familiaux du dimanche qui eussent éveillé en nos cœurs quelque amertume. De ces promenades, il me reste deux souvenirs plus particulièrement précis.

Nous allions souvent dans la forêt d'Halatte. En quittant la ville, on dévalait un chemin en pente accentuée, fort mal entretenu. Au bas de la pente, on traversait un ruisseau, affluent de la Nonette, sur lequel s'élevait un moulin. Puis on remontait vers une fourche à trois branches, dont nous prenions celle du milieu.

Nous cheminions sur un plateau monotone, entre de vastes champs de betteraves.

En hiver, le vent y soufflait terriblement. Il y sifflait même sur une note aiguë, le long des poteaux télégraphiques. Lorsque nous nous arrêtions, j'aimais à coller mes oreilles rouges de froid sur ces longues charpentes sonores. La bise hululait durement en s'accompagnant de brusques accords sur les fils de fer tendus. C'était vraiment la complainte des pays de Valois et de Beauvaisis que dominaient les cris de Montjoye des Jacques révoltés.

Nous allions, transis, le long de la triste route. Derrière nous, sous le ciel hivernal, s'étendait la ville. On eût dit une forteresse, à voir ses maisons groupées et les silhouettes drapées de brume des clochers : celui de la cathédrale finement ajouré et dentelé, celui de Saint-Vincent avec ses longues meurtrières et son toit d'ardoises, celui de l'église Saint-Pierre, massif et couvert d'un dôme. Devant nous, fermant l'horizon, apparaissait la lisière de la forêt, toute estompée, retenant en ses branchages dépouillés, telle une immense toile d'araignées, la fine gaze du brouillard. Ce décor de la forêt m'a laissé une impression si grandiose qu'il vient tout naturellement illustrer en mon esprit certain sonnet des Trophées. Oui, certes, il est bien digne de la strophe du Lion de Némée :

A travers le hallier, la ronce et le guéret,
Le pâtre épouvanté qui s'enfuit vers Tirynthe
Se tourne, et voit d'un œil élargi par la crainte,
Surgir au bord des bois le grand fauve en arrêt.

L'autre souvenir de promenade se rattache aussi à la forêt d'Halatte. C'était par un bel après-midi d'automne. Nous suivions un chemin assez riant, bordé d'un côté par un bois, de l'autre par des prairies d'élevage clôturées de haies. Nous étions près d'entrer dans la forêt dont nous apercevions le carrefour entouré de grands arbres aux feuillages roux. Soudain nous entendîmes une rumeur et nous vîmes toute une cohue déboucher du carrefour. En tête, deux sangliers dévalaient par la route, se dirigeant droit sur nous, tête basse et d'un petit galop piqué comme celui d'un cheval sauvage. La panique se mit dans nos rangs. Mais les deux bêtes, plus effrayées que nous et surprises de se trouver sur un chemin découvert, tournèrent court et foncèrent sur la haie des prairies. Cette haie était fort épaisse et noueuse. Cependant les sangliers y firent une trouée nette et ronde comme à l'emporte-pièce. Ils regagnèrent ainsi la forêt par la prairie. Des chiens courants les suivaient en hurlant. Puis, de grands escogriffes en habit rouge, perchés sur des chevaux, s'agitaient de loin et faisaient semblant de conduire la meute avec toutes sortes de grands gestes et de sonneries de trompe. La vérité est qu'ils étaient décontenancés de se trouver devant les malheureuses bêtes qu'ils pourchassaient furieusement, en grand appareil. Les dames qui portaient de ridicules tricornes noirs à galons d'or, s'apitoyèrent sur notre sort et la curée venue nous fûmes gratifiés d'une cuisse de sanglier.

J'aspirais de tout mon être, par delà les murs du collège, vers la bonne et vieille ville de Senlis. Je l'aimais tendrement, peut-être par l'effet d'un curieux atavisme. Je ne connaissais pas encore l'histoire de mes ancêtres. J'ignorais que mon trisaïeul, François le procureur, avait vécu là soixante-dix ans et que mon bisaïeul y était né. Mais les rares occasons où j'avais pu me promener librement m'avaient laissé une douce impression.

Deux correspondants, amis de mon père, venaient quelquefois me chercher. Ils avaient leurs fils à Saint-Vincent et m'emmenaient avec eux. Oh! pas souvent. Les enfants des autres sont fastidieux. Ils écoutent et regardent toujours trop.

L'un de mes correspondants était conservateur des hypothèques. Sa femme et lui constituaient un ménage de province, assez terne. Le fils aîné qui comptait environ mon âge, soit neuf ans, avait de grosses joues et un air bougon qu'aggravait une élocution pénible, comme chargée de la bouillie de l'enfance. Je me morfondais auprès de ce poupon monté en herbe. Toutefois, les hypothèques m'intriguaient. Je voulus les voir. Le conservateur me conduisit dans ce nid à poussière. J'en sortis le nez noir et l'esprit obscurci.

Mon second correspondant était un gentilhomme campagnard des environs.

C'était, à coup sûr, un simple et brave homme. Il avait une bonne grosse tête hirsute qui, lorsqu'il marchait, ballottait en avant de droite et de gauche, à la manière des bouledogues. Cela tenait à ce qu'il était myope démesurément et cherchait sa route. Un matin d'hiver, il vint me chercher dès l'aube, en même temps que ses trois fils. La neige tombait en épais flocons. Une patache attelée de deux chevaux nous attendait à la porte du collège. Le cocher était emmitouflé dans un carrick. Les lanternes de la voiture étaient allumées. Nous partîmes avec un grand bruit de vitres et de ferraille sur les pavés cahoteux de la ville. On s'arrêta chez le bourrelier, chez le marchand de futailles, chez l'épicier. Tous ces détails de l'existence me semblaient délicieux en comparaison de la vie artificielle du collège. Une fois dans la campagne les chevaux prirent un bon trot. J'entendais leurs sabots frapper le sol et je voyais, par la glace de l'avant, les larges épaules du cocher qui se balançaient en cadence. Le givre embuait les vitres des portières que nous frottions du revers de nos manches pour regarder les champs couverts de neige.

La propriété était traversée par un ruisselet assez vif, sur lequel s'élevait un vaste moulin abandonné. J'aimais à voir l'eau se précipiter de l'écluse, en un large ruban tout uni, sur les aubes de l'énorme roue de bois désormais immobile. Là, elle disparaissait en bouillonnant. Je ne pouvais me détacher d'un tel spectacle.

Mes camarades et moi nous nous poursuivions du haut en bas du moulin dont les salles étaient si spacieuses que nous en faisions le tour sur un tricycle. Ce vélodrome improvisé n'était pas sans obstacle, car le plancher offrait de larges échancrures pour les courroies et les poulies. Ce fut miracle si l'un de nous ne descendit pas tout droit, en compagnie du tricycle, sur la roue du moulin. Tout en haut, dans une sorte de belvédère, était le pigeonnier. Ce paradis était rempli de fiente et de duvet. On soulevait, en y pénétrant, un brouhaha de battements d'ailes tandis que les pauvres oiseaux effarouchés s'enfuyaient en plein ciel.

Cette demeure était d'un autre âge et dans un charmant abandon. C'est ainsi qu'un hangar tapissé d'herbe abritait un carrosse. Le vernis et les dorures de sa caisse disparaissaient sous la poussière des temps et les toiles d'araignées. Ses ressorts gémissaient lamentablement lorsque nous le prenions d'assaut et le drap du capitonnage se déchirait comme de l'amadou.

Quel que fût l'agrément que je trouvais en ces sorties, elles n'avaient rien de comparable avec les rares et doux instants que je passais auprès de mes parents.

Les élèves pouvaient aller dans leur famille au milieu et en fin de chaque mois. Nous autres, ceux de Paris, étions accompagnés par un père qui nous remettait, à la gare du Nord, aux mains des nôtres. Le même père nous attendait le soir au train pour nous ramener au collège. Si bien que nous ne couchions chez nous qu'aux grandes vacances. Comme mes parents n'étaient pas riches et s'imposaient de gros sacrifices pour mes études, je n'effectuais le voyage de Paris qu'une fois sur deux. Aussi je me souviens du jour où je restais en classe, tandis que les autres s'en allaient. Je les voyais se lever de bonne heure. Ils mettaient une chemise à manchettes et à col empesés, s'habillaient de l'uniforme neuf des grands jours. Un père, en costume de voyage, la sacoche en bandoulière, les appelait et les faisait aligner sur deux rangs, pendant qu'ils achevaient péniblement d'attacher leurs gants. Puis ils partaient, le dortoir me semblait désert et je cachais ma tête sous l'oreiller.

Quelques-uns de mes camarades dont les parents habitaient aux environs recevaient des visites au collège. Ils étaient appelés, à l'étude ou en récréation, par deux importants personnages qui étaient les concierges de l'établissement. L'un logeait à l'entrée de la porte extérieure; l'autre, au fond de la cour d'honneur, dans le beau bâtiment du XVIIe siècle situé près de la Chapelle. Tous deux exerçaient le métier de tailleur.

Celui de la porte extérieure était toujours sautillant. Cela tenait à son humeur primesautière et peut-être aussi à ce qu'il sortait en veston et la tête nue par les froids les plus vifs. On le voyait arriver dans la cour de récréation en se frottant les mains. Il appelait l'intéressé, puis, satisfait, piquait un entrechat pour notre plus grande joie, et s'enfuyait en courant et bondissant.

Le concierge de la cour d'honneur était un Luxembourgeois épais, à la face couperosée, barrée d'une longue moustache rousse, et coiffée d'une calotte de soie. Il portait de chauds vestons croisés et abritait ses pieds énormes en de grosses pantoufles de laine. Une chaîne d'or à breloques ornait son gilet. Il avait l'allure pesante, l'humeur rogue et taciturne. En un mot, c'était un butor. Sa loge étant divisée en deux étages était très basse de plafond. Il se tenait dans la partie inférieure, accroupi sur sa table de tailleur qui occupait les deux tiers de la pièce. On grimpait par un escalier en colimaçon jusqu'à l'étroit réduit de sa chambre. Il prisait et dès l'entrée on était suffoqué par l'ardeur du poêle et l'odeur du tabac.

Ce fut celui-là qui, certain jour, à la récréation d'après déjeuner, appela de son accent tudesque :

— Chambrelent.

Ce disant, il riait contre son habitude, en secouant son ventre. Le fait est qu'il s'agissait d'un événement et que je devais avoir une mine fort ahurie. Certes, il était courant qu'on vînt chercher un élève pour quelque visite. Mais jamais on n'appelait : Chambrelent.

Donc, ce jour-là, contrairement à la coutume, et pour la première fois, peut-être, il s'agissait de moi.

J'accourus très rouge et très ému. Je suivis l'important concierge sur ses talons. J'arrivais dans la cour d'honneur. Quelqu'un m'attendait. C'était mon père.

Je le vois encore, si grand, si beau,

dans son manteau de voyage à pèlerine. Je revois son teint basané, sa moustache humide de froid, ses yeux rieurs. Je me précipitais contre lui, je me blottis dans son manteau, je respirais son parfum :

— Papa! Papa!

Je sanglotais. Toute la misère des mauvais jours sortait. Mon cœur se dégonflait enfin. Mon père me serrait bien fort contre lui. Il ne me disait rien. Mais lorsque, surpris, je levai les yeux, je vis qu'il pleurait aussi.

Les pleurs des hommes sont comme ces nuées d'orage que le ciel a longtemps portées. Ils décèlent des peines longuement endurées et c'est pourquoi ils sont si émouvants.

Ce jour-là plus que jamais, mon père m'apparut tout-puissant. Comme il venait me voir de Paris entre deux trains, il demanda et obtint pour moi une permission de sortie immédiate.

Nous partîmes tous deux par la vieille et délicieuse ville. Je fus comblé de caresses, approvisionné de chocolat pour plusieurs mois, de bonbons pour plusieurs jours et ma bourse s'emplit de belles pièces d'argent.

Mais ce dont je me souviens le mieux est la promenade que nous fîmes sur les remparts démantelés. La partie la plus belle en est située derrière l'abbaye de Saint-Vincent.

Nous nous assîmes sur un banc, au long de cette allée plantée d'arbres. L'endroit est retiré et désert. Derrière nous s'élevaient l'antique clocher et les bâtiments sévères de l'abbaye. Devant nos yeux, au pied du rempart, la zone de ces petits jardins potagers que les pauvres gens cultivent aux portes des villes, abritait son humble misère. Puis la campagne de l'Ile de France s'étendait au loin. Nous la voyions fuir, sous le ciel gris, se développer comme une mer étale, en ondulations imperceptibles, et se perdre à l'horizon brumeux.

C'est alors que mon père me confia son affection pour Senlis. Il me dit qu'il y était venu tout enfant, en compagnie de mon grand-père, pour rendre visite à un oncle fort original, que je suppose être Jacques, frère cadet de mon bisaïeul Louis.

Les paroles de mon père, dites sur le vieux rempart, en face du pays de Valois, ont lentement mûri en mon esprit, et il me semble qu'en cette promenade naquit le premier germe de mes recherches généalogiques.

Mon père paraissait tout ignorer de notre aïeul François qui, le premier de notre famille, habita Senlis.

J'ai rapporté comment celui-ci devint procureur au bailliage. J'ai retracé l'histoire de son mariage et de sa descendance [1]. Il me faut compléter ce que j'ai écrit précédemment concernant ses fonctions judiciaires [2].

---

[1] Perrenot Le Chamberlant. Chap. IX.
[2] Source consultée : *Etude historique sur les Procureurs et Avoués de Senlis*, par M.-F. LOUAT, Notaire à Senlis, Trésorier de la Société d'Histoire et d'Archéologie de Senlis. (Imprimeries réunies de Senlis, 1923.) Cette étude

François figure bien dans les actes de naissance de ses enfants, au titre de Procureur au bailliage et siège Présidial de Senlis, mais il semble qu'il eût été plus précis de dire : procureur à Senlis, près la justice de Chantilly.

« Le siège de cette justice seigneuriale, qui englobait, outre Chantilly et ses dépendances, les seigneuries de Montépilloy et de Chavercy, était fixé au fief de Tournebus à Senlis, dans la rue du Châtel, et les procureurs habitant Senlis, y étaient pourvus de provisions. Leur liste comprenait, en 1776, Jean-Claude Lasnier, pourvu le 27 juillet 1747; Louis Crestel, pourvu le 1er mai 1755; Pierre-Louis Boursier, pourvu le 22 avril 1761; Alexis-Charles-François Bonfils, pourvu le 16 mai 1762; François Chambrelent, pourvu le 29 septembre 1763, et Melchior-Gaspard-Balthazar Levasseur, pourvu le

en ce qui concerne Me Chambrelent, a été complétée par M. Macon, Correspondant de l'Institut, Conservateur du Musée Condé, à Chantilly, Président de la Société d'Histoire et d'Archéologie de Senlis.

17 avril 1772. Deux autres procureurs habitaient Luzarches : Charles-Louis Boucher, pourvu ès justices de Chaumontel et de Coye le 10 mars 1775 et Jacques-Didier Corborand, pourvu au fief de Tournebus et à la gruerie de Chantilly le 20 avril 1776. » [1]

En vertu des lettres patentes d'août 1776, toutes les justices du prince de Condé furent réunies et le siège en fut fixé à Chantilly. Le nouveau tribunal de Chantilly fut inauguré le 3 avril 1777 dans la vieille maison de Beauvais, située en face de l'église, et qui prit le nom d'hôtel des Juridictions. Les huit procureurs ci-dessus désignés reçurent alors de nouvelles provisions, mais avec l'obligation pour Corborand et Chambrelent d'habiter Chantilly. Aussi l'Almanach historique de Senlis en 1787 ne mentionne-t-il plus que les procureurs Lasnier, Crestel, Boursier, Bonfils et Levasseur. Pourtant, il n'est pas douteux que Me François était domicilié à Sen-

[1] F. Louat, déjà cité.

lis en 1778, 1784, 1785 et 1789, ainsi qu'en font foi les actes de baptême de ses enfants. Il est non moins certain qu'il y mourut le 20 janvier 1825, âgé de quatre-vingt-neuf ans et demi, en sa maison de la rue des Pigeons-Blancs. Il y a là contradiction entre les faits et le texte des lettres-patentes. Il est à supposer que M° François obtint une dispense de résidence, et peut-être qu'il eut un second domicile à Chantilly où, lors de son décès, l'un de ses fils, Jacques-Hector, né en 1785, était propriétaire.

J'ai signalé le nombre exagéré des procureurs au XVIII° siècle [1]. Il est intéressant de noter à ce sujet qu'à la veille de la Révolution, en 1787, l'Almanach historique de la Ville de Senlis mentionne sept procureurs en charge et onze avocats. Encore cette liste ne comprend-elle pas les procureurs de la justice de Chantilly, domiciliés à Senlis.

Les avoués, institués par les décrets du 29 janvier et du 11 février 1791 et la loi du 20 mars de la même année, qui supprimè-

---

[1] Perrenot Le Chamberlant. Chap. IX.

rent la vénalité et l'hérédité des offices, succédèrent aux Procureurs. Ils furent temporairement supprimés par l'article 12 d'un décret du 3 brumaire an II (24 octobre 1793), puis rétablis par la loi du 27 Ventôse an VIII (16 mars 1799) sur l'organisation des tribunaux.

M⁰ François subit les fluctuations de cette période révolutionnaire. Dans l'acte de naissance de sa fille Louise-Suzanne, daté du 6 mars 1789, il figure comme « ancien procureur au bailliage et siège présidial de Senlis, commissaire de police de cette ville. »

Puis, la tourmente passée, il reprit sa charge avec le titre d'avoué. Aussi est-il mentionné sur le registre de délibérations des avoués près le Tribunal Civil de première instance de Senlis, commencé le 9 nivôse an IX de la République (30 décembre 1800). Il était alors âgé de 65 ans.

L'étude de M⁰ François Chambrelent était ouverte, en tant qu'étude d'avoué, le 13 brumaire an IX (5 novembre 1800). Elle fut supprimée lors du décès de son titulaire. M⁰ Chambrelent semble avoir exercé ses fonctions fort tard. En 1813, il ne figure plus sur les listes du tribunal.

La suppression de charges d'avoués, dont l'étude Chambrelent, se trouve expliquée par un procès-verbal de la Chambre des avoués de Senlis du 30 juillet 1821, dressé sous la présidence de Mᵉ Grenier. Ce procès verbal est ainsi libellé :

« La Chambre, considérant que le nombre des avoués, fixé à huit pour le Tribunal de Senlis, n'est pas en proportion avec celui des autres tribunaux qui l'entourent, tels que Meaux, Pontoise, Compiègne, Melun, Soissons, Fontainebleau, etc..., exprime le désir que le nombre soit réduit à six. Pour y parvenir sans nuire aux intérêts des avoués qui auraient l'intention de se démettre, la Chambre, ayant l'assentiment de tous les confrères, propose d'acquérir les titres excédant le nombre de six alors que leurs titulaires manifesteraient l'intention de les céder; elle propose également de rembourser leurs cautionnements qui pourraient être conservés à la caisse d'amortissement; cette mesure mettrait le nombre des avoués au Tribunal de Senlis en rapport avec l'organisation des Tribunaux de première instance d'une même étendue, etc... »

Si mon père ne me parla point, au cours de notre promenade sur les remparts, de son bisaïeul François, il me retraça du moins, en peu de mots, l'histoire du vieux Senlis. Il me signala que les rois mérovingiens et les empereurs carolingiens en avaient fait leur séjour de sélection et qu'ils y venaient chasser dans les forêts environnantes. Il me fit visiter les ruines du vieux château où Hugues Capet fut élu roi de France.

— Senlis, me dit mon père, a peu changé depuis lors si l'on tient compte des invasions et des soulèvements qui bouleversèrent le pays d'alentour. La ville a gardé sa robe austère d'autrefois, sa robe de pierre grise entourée d'une ceinture de vergers et d'eau vive. Ses ruelles étroites et tortueuses, ses clochers, son horizon hérissé de forêts sont ceux de jadis. Comme la Belle de Perrault qui, toujours aimée et fêtée, se perça la main d'un fuseau lorsqu'elle voulut filer le lin, il semble qu'elle se soit endormie depuis des siècles entre ses forêts d'Halatte et d'Er-

menonville. Les temps viendront cependant
où, par un juste retour des choses d'ici-bas,
quelque prince charmant l'éveillera au siècle
nouveau, en écartant ses cheveux de lierre
sur ses yeux demi-clos.

PIECES JUSTIFICATIVES

26 *Janvier* 1733.

BAIL D'HÉRITAGES ARENTE. FAIT PAR M. AR-
NAULD DE LA CHAPELLE ET MADLLE ARNAULD
DE LA DOUY.

A NICOLAS CHAMBRELEN LE JEUNE ET MARIE
LOUISE DAMIEN SA FEMME DE LA BRUYERE.
DEVANT LEBEBVRE NO^te A SACY LE 26 JAN-
VIER 1733 [1].

Pardevant le Notaire Royal au Bailliage et Comté de Clermont en Beauvoisis, Resident en la Châtellenie de Sacy le grand Soussigné Et en la présence des Temoins cy apres nommés.

Furent présents Mre Hubert Gabriel Arnauld Ecuyer Sieur de la Chapelle et Mre Henry Arnauld Ecuyer Sieur de la Bastilde, Chanoine de l'Eglise Royale de Saint Quentin, au nom et

---

[1] La mention suivante figure en marge de l'acte, en première page :

Les vingt deux Livres de rente qui appartenoient à la Dle Marie Ursule Arnauld de la Doüy dans le présent contrat ont été remboursées par Nicolas Chambrelent au C^r Regnard par acte sous sig^res privées ce jourdhuy premier floreal. L'an deux de la République française une et indivisible.

Regnard,
Chambrelent.

comme Fondé de Procuration générale et spéciale, à l'effet des présentes, de Dam^{lle} Marie Ursule Arnauld de la Douy sa sœure, passée devant Lequoy et Landois Notaire à Senlis Cejourdhuy, dument Controllée audit Senlis led. jour par Villot, dont copie est transcrite enfin des présentes Tous demeurants audit Senlis, Lesquels, ont reconnus et confessés avoir et ont par ces mêmes présentes Baillés, ceddés, aquittés, transportés et délaissés, à titre de rente, promis et promettent solidairement l'un pour l'autre et un seul d'Eux pour le tout sans division, discution et fidejussion aquoy ils renoncent, de faire joüir et garantir de tous troubles, dons, douaires, évictions, substitutions, aliénations, et autres empechements generallement quelconques, desmaintenant et atoujours,

A Nicolas Chambrelen le jeune Vigneron dem^t à la Bruyere et Marie Louise Damien Sa femme qu'il autorise pour l'effet de ces dites présentes, a ce présent, preneurs et acceptant pour Eux, Leurs hoirs et uians Causes, les Terres et Vignes dont la Déclaration suit,

Premierement une pièce de vigne contenant trente cinq verges trois quarts située sur le terroir de Rozoy, lieudit Les Fortes terres, tenant d'un coté à Claude Feron dit bois petit, d'autre au sieur Vavasseur, d'un bout au Chemin et d'autre au sieur Vavasseur.

Item neuf Verges trois quarts de Vignes au terroir de la Bruyère Lieudit Tournamant, tenant *d'un coté et........................ d'autre coté au sieur Geffroy, des deux bouts au Sr Lhuillier.*

Item Dix huit Verges et demie de Vignes audit terroir Lieudit Lany tenant des deux cotés à la Veuve de jean Feron, d'un bout au Sentier de la Fontaine et d'autre a Nicolas Feron.

Item quatre Verges et demy quart de Vignes situées au dit terroir lieudit derrière les maisons tenant d'un côté à Thomas Besgne, d'autre a Michel Deneux, d'un bout à la dame Le Noble et d'autre a Nicolas Chambrelen.

Item quatorze Verges un quart de Vignes audit terroir lieudit Niffroy tenant d'un coté à Pierre Féron, d'autre à Jean Noret, d'un bout au Chemin et d'autre a plusieurs.

Item quarante six Verges et un quart de Vignes situé audit lieu dit Niffroy tenant d'un coté à Pierre thierry, d'autre à Loüis Feron, d'un bout au Chemin de Liancourt Et d'autre bout a la Garenne.

Item une demie Verges et demy quart de Vignes audit terroir proche le Lieudit Courtieu tenant d'un coté à Louis coquet, d'autre à Claude Lobegeois, des deux bouts a Marie Richer.

Item unze Verge et demie de terre audit terroir lieudit la Terre Saulon tenant d'un coté a Thomas Bouché, d'autre a Charles Besgne, d'un bout au chemin de Liancourt et d'autre à Charles Lobegeois.

Item vingt une Verges et un quart de Vignes au même terroir Lieudit sur la Cavée derrière les maisons, tenant d'un coté à Thomas Bouché, d'autre a Nicolas Feron dit Braquet, d'un bout à la Cavée bruyère et d'autre au Sentier.

Item huit Verges et demie de Vignes audit terroir Lieudit Candy tenant d'un coté a Claude Boulanger, d'autre à la veuve Jean féron, d'un bout a Nicolas Feron, d'autre à Anne Thierry.

Item Sept Verges et demie de terre au terroir de Rozoy Lieudit Les Fortes Terres tenant d'un coté à Nicolas Feron dit Braquet, d'autre côté a pierre Lobegeois d'un bout au bois Et d'autre a Louis quillet.

Item Trente neuf Verges et demie de Vignes faisant moitié de Soixante dix neuf Verges situés audit terroir Lieudit Ambriaux tenant le total d'un coté au Chemin de Liancourt, d'autre au mur de la garenne, d'un bout à Louis Coquet et d'autre a Etienne Damien et à la Veuve de jean Feron.

Item six Verges et demie de vignes faisant moitié de treize verges audit terroir Lieudit Caleux tenant le total d'un coté a Thomas Bouché, d'autre a Louis feron d'un bout a Mad^e Le Noble Et d'autre bout à trois verges de friches de ladite pièce abboutissante au Chemin de Liancourt.

Item Vingt Verges un quart et un huitième de verge de vignes faisant moitié de quarante verges trois quarts situés audit terroir tenant le total d'un coté a *André Boucher*, d'autre a *Etienne Damien*, d'un bout a *Claude Lobegeois* et d'autre au *Chemin de Liancourt*.

Item quatre Verges et demie de Vignes audit terroir lieudit Courtieu tenant d'un coté a Louis Coquet, d'autre a Margueritte Damien, d'un bout a Michel Desneux et d'autre a Caterine Feron.

Item Cinquante Verges de Vigne faisant moitié de Cent Verges audit terroir Lieudit Larpent tenant d'un coté le total, au rideau, d'autre a Jean Noret, des deux bouts au Chemin de Liancourt.

Item Seize Verges de vignes audit terroir derrière l'Ecole tenant d'un coté à Nicolas Thierry, d'autre a Charles Lebègne, d'un bout au chemin de Liancourt et d'autre audit Thierry.

Item Dix Verges trois quarts de terrre audit terroir lieudit l'Enclos tenant d'un coté a Charles Lobegeois, d'autre a Louis Coquet, d'un bout a Thomas Bouché et d'autre a Louis Feron.

Item Treize Verges et un quart de vigne audit terroir Lieudit Niffroy tenant d'un coté a Claude Lobegeois, d'autre a Thomas Begne, d'un bout a Thomas Bouché et d'autre a Antoine quillet.

APPARTENANT ausdits Sieur De la Chapelle et Dam^lle de La Doüy comme héritiers chacun pour un Septième dans la Succession de feu Mre Louis Rocharnauld, Ecuyer, Chevallier de l'ordre du Roy, Gentilhomme Servant de Sa Majesté, leur père, ainsy qu'ils ont déclaré, POUR en jouir par lesdits preneurs dès Cejourd'huy Leursd.

hoirs et ayant cause a toujours en tous droits de propriétés au moien des presentes, *A LA CHARGE* de payer et acquitter a l'avenir les cens surcens et autres redevances Seigneurialles dont les biens cydessus baillés sont chargés annuellement envers led. Seigneur dont ils sont tenus et mouvants, que les parties n'ont sceus autrement déclaré de ce enquitte du passé jusqu'à ce jour, *CE BAIL* fait à la susdite charge seulement et outre moyennant la somme de *QUARANTE QUATRE LIVRES* de rente de Bail d'héritage et nouvelle charge que lesdits Nicolas Chambrelen le jeune et Marie Louise Damien sa femme, ycelle autorisée comme dessus, ont promis promettent ainsi qu'ils si obligent solidairement l'un pour l'autre et un seul d'eux pour le tout sans division, discution et fidejussion a quoy ils renoncent, de payer ausdits Sieur de La Chapelle et Dam^lle De La Doüy, a chacun par moitié par chacun an, au vingt six janvier auquel jour de l'année prochaine mil sept cent trente quatre échera la première année de payement Et aussi continuer annuellement audit jour a toujours, du moins jusqu'au remboursement de ladite rente que lesd. preneurs leurs hoirs et aiant cause en pouront faire quand bon leur semblera de la somme de *HUIT CENT QUATRE VINGT LIVRES* en deux payements égaux avec les arrérages lors dus et échus, frais de lettres et loyaux cousts faisant lois, desquels paiements ladite rente diminuera a portion et n'aura plus cours que pour le surplus, *A prendre recevoir et percevoir Ladite rente sur lesd. biens qui en demeurent par privilège spécial chargés affectés et hypothéqués Et que lesd. preneurs sous ladite solidité seront tenus de maintenir et entretenir en bon état et valeur, en sorte que ladite rente y soit aisément prise et perceue par chacun an audit jour a toujours, comme dit est. Nonobstant A fournir et faire valoir, Pour de ladite rente en jouir faire et disposer par lesdits S. et Dam^{lle} Bailleurs leurs hoirs et ayant cause ainsy quils aviseront, Transportant, dessaisissant, Consentant saisines, fesant et constituant procureur. Le porteur donnant pouvoir Et seront lesd. preneurs tenus des frais des présentes, d'en fournir la grosse en bonne forme ausdits Sieur et Dam^{lle} Bailleurs dans quinzaine Et de payer les droits seigneuriaux qui pouroient estre dus pour raison dudit Bail qui est fait francs deniers ausd. Sr. et D^{lle} Bailleurs, car ainsy Dont promettant obligeant, solidairement comme dessus Renonçant. FAIT ET PASSÉ à Sacy le grand en l'étude dudit Notaire LAN MIL SEPT CENT TRENTE TROIS le Vingt Sixième jour de Janvier aprésmidy En présence de Louis demeurant audit Sacy, témoins qui ont signés avec lesd. parties et Notaire à la minute des présentes, Controllée et jusinuée aud. Sacy par Le Febvre qui a receu pour les deux droits 15^s 19^s 3^d. Le 27 desd. mois et an sc.*

ENSUIT la teneur de ladite procuration

PARDEVANT les *Notaires Royaux a Senlis soussignés Fut présente Damoiselle Marie Ursule Arnauld De la Doüy, Fille et héritière pour un Septième, des défunts Sieur et Dame ses père et mère, demeurant audit Senlis rue de Bellon paroisse St Pierre, Laquelle a fait et constitué pour son procureur général et spécial, Mre Henry Arnauld de la Bastilde Chanoine de l'Eglise Roiale de St Quentin, son frère, auquel elle donne pouvoir de pour Elle et en son nom, donner a rente a telle personne et aux prix, charge, clause et conditions qu'il jugera a propos, La part et portion qui appartient à ladite damoiselle constituante Es susdite qualité d'héritier pour un septième desd. defunt Sr et Dame ses père et mère, par Indivis avec les Sieur et Dam^{lle} ses frère et Sœur, dans le fond et propriété d'une maison et dépendance d'icelle Ensemble dans toutes les vignes et autres héritages provenant des successions desd. defunts S. et dame ses père et mère, le tout situé au village et au vignoble et terroir de La Bruyere et es environs, et a cet effet passer et signer tous actes requis et nécessaires et génerallement faire par led. S. procureur constitué tous ce qu'au dit cas app^{ra}, prometant avoir le tout pour agréable et le ratifier obligeant. Fait et passé à Senlis En la demeure de la Damoiselle Constituante Lan Mil Sept cent trente trois Le Vingt six janvier et a signé, ainsy signé à la minute des présentes, Arnauld de la Doüye. Lequoy et Landois avec paraphes, acote* *est écrit Scellé le dit jour avec paraphe, et au bas, controllé a Senlis le vingt six janvier 1733. Receu douze sols signé : Villot.*

Colationné et Scellé LEFEBVRE
Lesd. jour et an

Je soussigné aiant pour ce pouvoir spécial de Monseigneur le Marquis de Liancourt, reconnois avoir saisy et mis en bonne possession les acqué-reurs à rente dénommés au présent contrat, des hé-ritages y déclarés qui peuvent être de la mouvance dud. Seigneur, a la charge de luy en passer décla-ration et d'en paier les droits de vente a son Rece-veur, sans préjudice à ses autres bons droits et a Ceux d'autruy. Fait ce douze août mil sept cent trente trois, en présence de Charles Noret et de Jean Du Chatel portier du Château de Liancourt y demeurant, tous deux tesmoins.

FOURNIER.

Je soussigné ayant pour ce pouvoir spécial de Monseigneur le Marquis de Verderonne, reconnois avoir saisy et mis en bonne possession des acquisi-tion à rente dénommés au présent contrat et des héritages y déclarés et qui peuvent estre de la mou-vance de Mond. Seigneur, à la charge de luy en passer déclaration après quils ont payé les droits pour ce dus tant à lui aux bons droits et à ceux d'autruy, en présence de François Maupin Rece-veur des cens et surcens dud. Verderonne et de Georges pavie fermier de la ferme de Rozoy tous

deux y demeurant, tesmoins. Ce vingtième jour de
l'an mil sept cent trente quatre.

Approuvé
FOURNIER. (1)

24 Octobre 1734

BAIL A RENTE (2)
Par devant Claude Antoine Raimbault,
Et Jacques Rieul Lequay, notaires royaux au
bailliage de Senlis, y residens; fut present M⁰ Ni-
colas Regnard, procureur audit Bailliage, au nom
et comme chargé de la régie des revenus tempo-
rels du prieuré de St-Nicolas-Dacy-les-Senlis pour
Messire Jean-Paul Bignon, doyen du Conseil
d'Etat, Bibliotécaire du Roy, prieur comman-
dataire dudit prieuré, demeurant ordinairement a
Paris a lhotel de la Bibliotèque, rue de Richelieu,
lequel, aud. nom, et sous le bon plaisir de Mondit
Seig' Bignon et ala charge de sa ratification, a
reconnu et confessé avoir donné et délaissé à titre

(1) Note figurant en marge de la dernière page de
l'acte :

Ledit Nicolas Chambrelent ma paier les droits qui me
sont dus pour le present contrat de ce quil depen de la
Seigneurie de Labruyere dont je le quit pour mes droits.
Fait ce vingt trois Juin mil sept cent trente cinq : FON-
TAINE.

(2) Archives de l'Oise : H. 2.624. Prieuré de Saint-
Nicolas d'Acy-Labruyère. Copie non collationnée d'un
bail à surcens.

de bail arente, annuelle et perpétuelle, des maintenant et atoujours, a Nicolas Chambrelent, vigneron, demeurant à La Bruyère, et Marie-Louise Damien, sa femme, deluy autorisé quant à ce, a ce présent et asseptant, solidairement l'un pour l'autre et un seul pour le tout, sans division ny discution, C'est ascavoir : une maison, scize audit Labruyère, consistante en une maison Basse, Sellier acoté, dans laquelle est une antienne Cave, Ecurie en retour, Chambre haute audessus de la maison et Sellier Couvert de thuille, grande porte, Cour, Jardin et Clos derrière en terre et vigne, contenant en total trois arpens ou environ, tenant d'un coté ala grande Rue proche l'Eglise, d'un bout ala rue conduisante a Catenoix et d'autre au Sr fauconnet.

Item, vingt cinq verges de terre, cy devant en vignes, audessus de la fontaine St pierre, tenant d'un coté etc..

Item, sept verges et demy de terre, audessus de henbriaux, tenant etc...

Item, un arpent et demy de terre en friche et bois, lieudit le chemin de Clermont.

Item, vingt cinq verges de terre, lieudit Niffroy, tenant etc..

Item, huit verges de terre, au dessus de l'Eglise, tenant etc...

Item, une pièce de bois taillis, au Chemin de Clermont, contenant un demy arpent, tenant d'un côté etc..

Item, une pièce de bois taillis, scize au terroir

du Rousseloy, contenant environ deux arpent et demy.

Item, au terroir de Sacy Legrand deux mines de bois,

Item, un demy arpent de vignes audit terroir.

Et générallement tout ce qui peut appartenir audit prieuré audit terroir de La Bruyère et es Environ, dont ont jouy ou du jouir Nicolas Lobegeois et a présent Charles Lobegeois, desquels heritages lesd. Chambrelent et sa femme ont dit avoir bonne Connoissance, et sans aucune garantie de mesure ny de jouissance d'aucune desd. pièces cydessus déclaré, dé la part dudit Seig^r prieur pour et de tout ce quedessus baillié jouir faire et disposer par lesdits preneurs de ce jourdhuy et atoujours, en vertu des présentes et a la charge, pour les dits preneurs, d'acquitter les Cens, sur Cens dont les dits héritages sont chargés, tant envers les Seigneurs de Labruyère Rozoy et Sacy Legrand.

De faire rétablir incessament et mettre en bon Etat de toutes réparations, en dedans lannée, laditte maison et lieux et icelle, ensemble les autres héritages, bien et dument entretenir, fournir et faire valloir ensorte que la rente cyaprès déclaré y soit aisément prise et perçue, a peine, au deffaut de faire lesd. réparations et d'entretenir lesd. maisons et héritages, de résolutions des présente, sy bon semble aud. Seigneur prieur ou ses Successeurs.

Ce présent bail fait ausdites Charges et outre moyennant la somme de quarante livres de Surcens

et rente fontierre, annuelle et perpétuelle, que lesdits preneurs, solidairement comme dessus, ont
promis de rendre et payer par chacun an au jour
de St Martin, audit prieuré de St Nicolas, dont la
première année de payement Echera au jour de
St Martin d'hiver prochain.

Et ainsi continuer a toujours au cour payement
Continuation de laditte rente, lesd. maison et héritage, que les preneurs promettent, comme dessus,
entretenir et lesquels ne pourront estre divisés ny
partagés entre les Enfans desd. preneurs, mais seront toujours possédés par un Seul et généralement
tous les autres biens présents et avenir desdits preneurs obligés affectés et hipotecqués, sans qu'une
obligation déroge a l'autre, dont Se désaississans
etc. Fait et passé à Senlis, en la maison dud. Sieur
Regnard, pardevant les Notaires, le 24 Octobre 1734 Et ont signés à lException de laditte
Marie Louise Damien qui a déclaré ne savoir
signé, de ce interpellé, en la minutte des présentes,
demeuré audit Raymbault, signé Raymbault.

20 Avril 1735

RATIFICATION

Par acte passé devant notaire au Châtelet de
Paris, le vingt avril 1735, Appert Messire Jean
Paul Bignon, prétre, doyen du Conseil du Roy,
bibliotécaire de Sa Majesté, Abbé Commandataire de l'abbaye de St-Quentin, prieur comman-

dataire du prieuré de St Nicolas d'Acy les Senlis, demeurant à la Bibliotèque du Roy, rue de Richelieu, paroisse St Eustache, après avoir pris Communication et lecture a luy faite par M⁰ Dutartre, l'un desd. notaires, tant d'un bail a rente, passé devant Raymbault, notaire à Senlis, le 24 Octobre 1734, fait par M⁰ Nicolas Regnard, procureur à Senlis, au nom et comme chargé de la régie des revenus temporels du prieuré de St Nicolas d'Acy, a Nicolas Chambrelent, vigneron à La Bruyère, et Marie Louise Damien, sa femme, d'une maison jardin Clos vignes et dépendances, Expliqué audit bail a rente, que d'un autre acte passé devant ledit Raymbault, notaire audit Senlis, le deux du présent mois, par lequel ledit Chambrelent et sa femme, au lieu des quarante livres de rente a la charge desquelles ledit bail avait été fait, Se sont obligés de payer Cinquante livres de rente, par Chacun an, audit Seigneur abbé Bignon et Ses Successeurs prieur dudit prieuré, et ledit Seigneur abbé Bignon déclaré qu'il ratiffie, Confirme et approuve, tant ledit Bail a rente, que ledit acte d'augmentation de Rente dudit jour deux du présent mois, voulant que lesdits deux actes sortent leurs plain et entier effet et Soient exécutés Selon leur forme et teneur, bien Entendu que ledit Chambrelent et Sa femme payeront, Comme il Sy Sont obligés, Cinquante livres de rente par Chacun an, au lieu de quarante livres, Comme led. Sʳ Regnard en Etoit convenus avec

*lesd. Chambrelent et Sa femme, led. acte signé
Enfin Dutartre et Dijon notaires.*

12 May 1787

TITRE NOUVEL ET RECONNOISSANCE

*Par Acte passé devant Desprez et Son con-
frère, notaires Royaux à Senlis, le douze may
1787, Aper Charles Chambrelent vigneron a Labruyère et Margueritte Landot, Sa femme, ont reconnu estre détempteurs, propriétaires et poces-
seurs de plusieurs héritages Scize aux terroirs de
Labruyère, Rozoy et Sacy Legrand, appartenans
du Chef et propres dud. Chambrelent, comme fils
et héritier de Nicolas Chambrelent et Marie Louise
Damien et que, sur lesd. héritages, MM. les
Nicolas Dacy les Senlis, ont droit de prendre et
recevoir, par chacun an, au jour de St Martin
d'hiver, Cinquante livres de rente fontierre, annuelle et perpétuelle, et non rachetable, Créé pour
le prix desdits héritages, pourquoy lesdits reconnoissans, aux termes et conformément au bail, a
toujours, promettent et s'obligent, solidairement,
l'un pour l'autre, un deux seul pour le tout, Sans
division ny discution, a quoy il renoncent, payer,
fournir et faire valoir aud. Sieurs prieur, procureur et religieux dudit prieuré de Saint Nicolas
Dacy, lesdits cinquante livres de rente annuelle
et perpétuelle, par chacun an, au jour de St Martin d'hiver, aud. prieuré de St Nicolas Dacy, en*

faire le payement de la première année, en vertu des présentes, ledit jour prochain et continuer ainsy a pareille époque a toujours Sans Espérance de Racha.

A la sureté du Cour, payement et continuation de laquellle rente lesdits reconnoissans ont, de nouveau et par privilège spécial, obligés affecté et hipotéqué lesdits héritages et tout leurs autres biens, presens et avenir, Solidairement, Sans qu'une obligation déroge a l'autre, ledit acte signé Enfin Desprez et Pannetier Notaires.

Après avoir fait dans les registres des enregistrements et Controle des domaines des gens de main morte, du diocèse de Senlis, la recherche d'un bail que l'on dit avoir été passé par le sieur prieur commandataire du prieuré de St Nicolas Dacy au profit d'un nommé Lobjois, pour biens situés a Labruyere, il ne s'est trouvé dans lesdits registres aucun bail relatifs à ces personnes et a ces objets. A Senlis le vingt mars mil sept cent quatre vingt unze.

(signé) l'abbé Duport
dépositaire desdits registres.

DÉCLARATION POUR NICOLAS CHAMBRELENT DE LA BRUYERE

9 Janvier 1736

Déclaration

Nicolas Chambrelent le jeune, Vigneron demeurant ala Bruyere, a déclaré et reconnu tenir de

Messire Henry Roger de la Rochefoucauld, Lieutenant Général des armées du Roy, Marquis de Liancourt, acause de sa terre et Seigneurie dela Bruyere, les Maisons et héritages qui suivent, a titre de cens et autres charges Seigneurialles portant Lots, Ventes, Saisine et amende quand lecas y échei :

PREMIEREMENT Une Maison Chambre haute étable, Couverte de Chaume et thuilles, Cour jardin et Clos de terre contenant trois arpens ou environ, ainsi que tous le pourpris S'étend et comporte, situé audit la Bruyère proche l'Eglize, d'un côté à la grande Rüe Saint pierre, d'autre à la Rüe proche l'Eglize, d'un bout à la grande Rüe et d'autre au Sieur fauconnet, ledit pourpris appar[t] audit Reconnoissant par prise a Rente qu'il en a fait de Maitre Nicolas Regnard, procureur à Senlis, chargé de la Régie des revenus temporels du prieuré de Saint Nicolas dacy les Senlis pour Messire Jean-paul Bignon Doyen du Conseil d'Etat demeurant ordinairement a paris, Suivant le contrat passé devant Rimbaut et son Confrère no[res] audit Senlis le Vingt quatre Octobre mil Sept cent trente quatre, et le tout conformément à la déclaration qui en a été passée à laditte Seigneurie par François Molé Conseiller du Roy ainsi qu'il paroît dans le Registre des dernières déclarations dudit la Bruyère.

Item Vingt Cinq Verges de terre audessus de la fontaine Saint-Pierre d'un côté à la Rüe, d'autre a Michel Deneux, d'un bout au Chemin, d'autre a Thomas Boucher appartenant comme dessus;

Item sept Verges et demie de Vignes audit terroir lieudit Ambreau d'un coté à la veuve Louis le Roy, d'autre a Estienne Damien, d'un bout aux Murailles de la Garenne, d'autre à la Veuve Jacques Thierry appartenant commme dessus.

Item un arpent et demy de terrre en friches et bois audit terroir lieudit le Chemin de Clermont d'un coté à françois Chambrelend, d'autre coté aux Sieur fauconnet, d'un bout au Chemin qui conduit à Liancourt et d'autre a Mondit Seigneur, appartenant comme dessus.

Item Vingt cinq Verges de terre lieudit Niffroy, d'un coté à françois Chambrelend, d'autre coté aux héritiers Margueritte lahoche, d'un bout à la terre de la Cure de la Bruyère et d'autre a pierre Caron, appartenant commme dessus.

Item huit Verges de terre audessus de l'Eglize, d'un côté à Cristophe hévin, d'autre a Estienne Damien, d'un bout au sieur Geffroy, d'autre bout a........ appartenant comme dessus.

Item un demy arpent de bois taillis audit terroir lieudit le Chemin de Clermont, d'un coté d'autre et des deux bouts a mondit Seigneur, appartenant comme dessus; tous les héritages cydessus chargés ensembles de sept sous six deniers de Cens envers mondit Seigneur par chacun an au jour Saint Remy cy Ol, 7ˢ.6ᵈ.

Item vingt Verges tant terre que Vignes au ter-

roir dudit la Bruyere lieudit Lanny, d'un coté a
Nicolas Thierry, d'autre audit Thierry, d'un bout
au Sieur Geffroy, d'un bout audit Reconnoissant,
appartenant audit Reconnoissant parprise a Rente
(q*l*·) en a fait du Sieur Arnault suivant le contrat
passé devant Lefevre No*re* a Sacy le Grand le
vingt six janvier mil sept cent trente trois, et dont
Maître Jacques Arnault auteur dudit Sieur Arnault, en auroit passé déclaration ainsi qu'il est
mentionné au dernier Registre des déclarations
dud. la Bruyere feuillet cent trente un, et chargé
par chacun an au jour Saint Remy a raison de
douze deniers par arpent;

Item douze verges de terre audit terroir lieudit
Lanny, d'un coté audit Sieur Geffroy, d'autre au
Sieur Arnault, d'un bout a pierre Darras, d'autre
au Chemin Sentier;

Item la moitié de cinq quartiers de vignes lieudit
Ambréau, d'un côté à la Damoiselle Arnault,
d'autre a Nicolas Thierry, tenant d'un bout à
pierre Darras, d'autre a la Rüe conduisant à liancourt, appartenant et chargé comme dessus;

Item trois quartiers de vignes audessus de la
Maison du Garennier appellé la pointe, d'un coté
a laditte Rüe, d'autre a Michel deneux et pierre
patin, d'un bout a pierre thierry et d'autre a
louis feron jardinier, appartenant et chargé comme
dessus;

Item un quartier de vignes audit terroir lieudit
Niffroy, d'un côté à Claude Lobegeois, d'autre a

Denis Charpentier, d'un bout a thomas Boucher et d'autre aLoüis Quillet, appartenant comme dessus.

Item une verge de vignes audit terroir lieudit Courtieu, des deux côtés à Charles Tellier, d'un bout a Estienne Couvreur, d'autre a........................, appartenant et chargé comme dessus.

Item la moitié de deux arpens ou environ de terre et vignes audit terroir audessus du Clos Saint Martin, d'un côté au Sieur le Noble, d'autre au Chemin, d'un bout a la Grande Rüe, d'autre au clos Saint-Martin, appartenant et chargé comme dessus.

Item un quartier de vignes au mesme lieu audessus de l'Ecolle, d'un coté audit reconnoissant, d'autre aux héritiers Nicolas féron, d'un bout au grand chemin et d'autre a la terre de l'Ecolle.

Item douze verges de terre audit terroir lieudit au dessous de la maison du garennier, d'un coté a thomas Boucher, d'autre a Charles Besgne, d'un bout au chemin et d'autre bout a   , appartenant et chargé comme dessus;

Item dix huit verges de terre lieudit la terre Saulon, d'un coté à jean Noren, d'autre a florent Chambrelend, d'un bout a pierre feron bon louis, d'autre a la grande, appartenant comme dessus.

Item la moitié d'un quartier de vignes lieudit Calœuvre, d'un côté à la Veuve françois féron, d'autre au Sieur Arnault, d'un bout a florent Chambrelend, d'autre au Sieur le Noble, appartenant comme dessus;

Item la moitié de quarante cinq verges de terre audit terroir lieudit Mérin ou audessus du bois de Niffroy, d'un coté au Sieur le Noble acause de l'autre moitié, d'autre a pierre féron et autres, d'un bout au Chemin qui conduit a liancourt, d'autre a Estienne Damien, appartenant comme dessus;

Item Seize verges de vignes audit terroir lieudit Candy, d'un coté à Claude Lobegeois, d'autre a Nicolas thierry, d'un bout a Nicolas féron, d'autre a pierre féron, appartenant comme dessus;

Item Vingt quatre Verges de terre audit terroir lieudit la Cavée Brujet, d'un coté aux Religieux de Chaly, d'autre a Nicolas féron Braquet et autres, d'un bout à la Cavée et d'autre a Charles tellier appartenant et chargé comme dessus;

Item quatre verges et demy quart de vignes audit terroir lieudit derrière les maisons, d'un coté a françois Besgne, d'autre au Sieur le Noble, d'un bout au Chemin Sentier et d'autre a Michel Deneux, appartenant et chargé comme dessus et ycelle dernière pièce avec la celle cy apres non trouvée dans les anciennes déclarations passées par led. Sieu Arnault.

Item quatre verges et demye de vignes lieudit Courtieu, d'un côté a Charles Tellier, d'autre a la veuve Nicolas féron, d'un bout a pierre Caron, d'autre a Michel Deneux, appartenant et chargé comme dessus, les quantitées desdittes deux pieces prises sur le contrat de Rente dudit reconnois-

sant, tous lesdits héritages chargez a raison de douze deniers par Arpent,

Pardevant le No^{re} Royal soussigné et en la présence des témoins cy après nommés, Est comparu ledit Chambrelend, lequel a affirmé la présente déclaration véritable, et en conséquence a promis de payer et continuer par chacun an ausdits jours a Mondit Seigneur ou Ses Receveurs les Cens et redevances y portés tant et si longuement qu'il sera détempteur et propriétaire desdits biens, le tout aux protestations d'y pouvoir augmenter ou diminuer Si le cas y échet, dont et promettant et obligeant, et renonçant. Fait et passé à liancourt le Neuf janvier mil sept cent trente six avant Midy, en présence de Claude Gérardin Vigneron demeurant à Mongneville et philippe Francqueriée Marchand demeurant audit Liancourt, tesmoins qui ont signé avec ledit Reconnoissant, le tout a la minutte des présentes qui est signé dudit No^{re} et controllé a Liancourt par fragnan Commis le 22 dudit, qui a reçu pour les droits 12^s.

Signé : Maupin.

EXTRAITS DU REGISTRE DES ACTES
DE L'ASSEMBLÉE MUNICIPALE DE LA BRUYERE

Nous soussigné sindic et autres Membres de l'Assemblée municipale de La Bruyère sommes convenus de ce qui suit :

1° *avons choisi la salle du prespitère pour tenir nos Assemblées comme le lieu le plus propre et le plus décent.*

2° *avons choisi pour greffier de laditte assemblée Nicolas Chambrelent comme plus en état de rédiger lesdits actes.*

3° *le sindic municipalle a acheté deux registres et commandé pour metre les archives un bas d'armoire qui n'est pas encore fait, et dont nous ne savons pas encore la valeur, Arretté à La Bruyère ce treize avril mil sept cent quatre vingt huit.*

Signé : Germain CHAMBRELENT, *sindic;* Charles CHAMBRELENT LAINÉ; FROISSENT, *curé de Labruyère;* Etienne FÉRON; CHAMBRELENT, *greffier.*

L'an mil sept cent quatre vingt dix le 30 Février après midi le Maire et les officiers municipeaux s'étant assemblé au bureau de la municipalité à l'effet de procéder à la nomination d'un secrétaire greffier d'après l'avis de tous les officiers municipaux nous avons nommé le nommé Nicolas Chambrelent qui a accepté et prêté le serment prescrit par le décret de l'Assemblée Nationalle.

Fait et arretté au Bureau de la municipallitté les jour mois et an susdit et avons signée

Etienne FÉRON, *maire;* Nicolas FONTAINE, *officier;* G. CHAMBRELENT; LENOBLE, *procureur de Commune;* CHAMBRELENT, *greffier.*

TABLEAUX GÉNÉALOGIQUES

DES

CHAMBRELENT DU BEAUVAISIS

AIRION

Jean CHAMBELLAN possédait, au 26 décembre 1489, une pièce de terre sise, en 1735, au-dessus de la rue de l'Equelette, à Airion.

Philippe CHAMBELLAIN - ép. **Guillemette CODIEU**
laboureur à Airion   probablement originaire
décédé en 1569   de Bulles

(Pierre tombale en l'Eglise d'Airion)

Antoine CHAMBRELEN -- ép. **Nicole NEURINE**
laboureur à Airion

Anne CHAMBRELEN -- **Pierre POUGNIE**
Mariage, 30 décembre 1627

« Fief du Courtil CHAMBERLAND mouvant du Roy à cause du Comte de Clermont, scis à Airion », donne lieu à dix déclarations datées de 1762. (Archives de l'Oise, fonds de la Collégiale de Clermont.)

WARTY

29 mars 1561 : feu **Michaut CHAMBRELEN**, possédant à
Warty sur le chemin de la Cleuterie (hospice de Clermont,
fds St-Ladre, B. 1).

16 septembre 1588 : **Louis CHAMBRELEN**, propriétaire à
Warty, voisin d'une terre possédée, au lieu dit le Camp
Arnoulet, par le prêtre Jean Debrie.

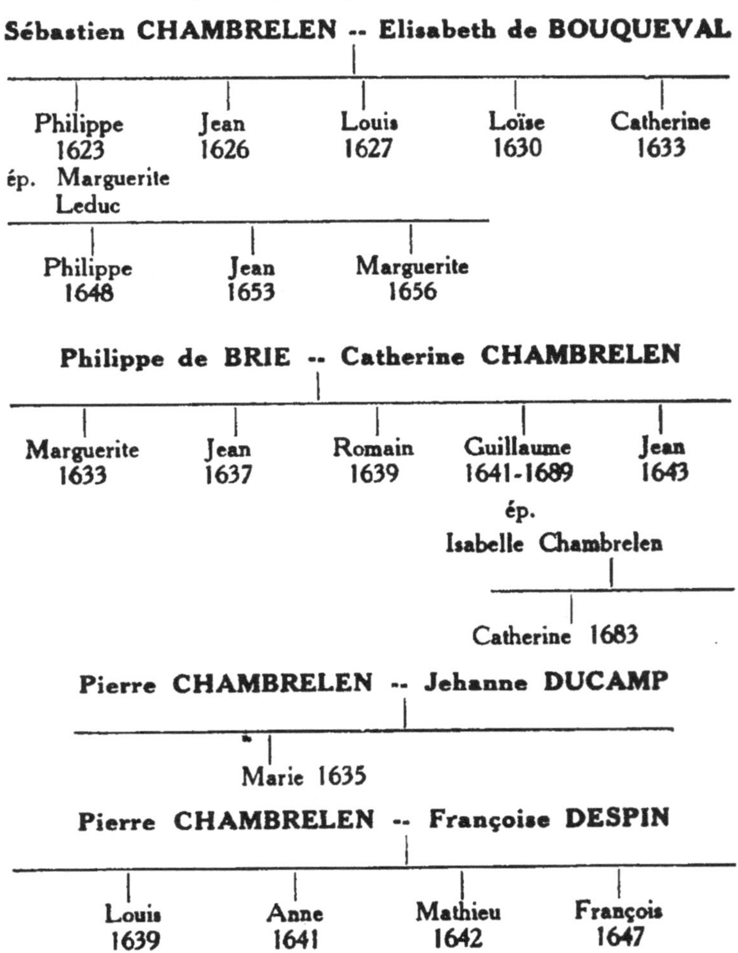

BAILLEVAL

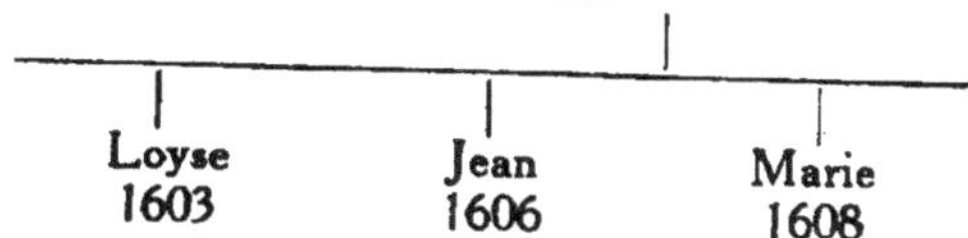

Philippe CHAMBERLAN ..

| Loyse 1603 | Jean 1606 | Marie 1608 |

1639 — 17 décembre : Sépulture de..... enfant de **Chamberlan** et de Françoise Labitte.

1641 — 27 mai : Sépulture..... **Chamberlan.**

1650 — 25 mars : Mariage de Labitte et de Jeanne **Chamberlan.**

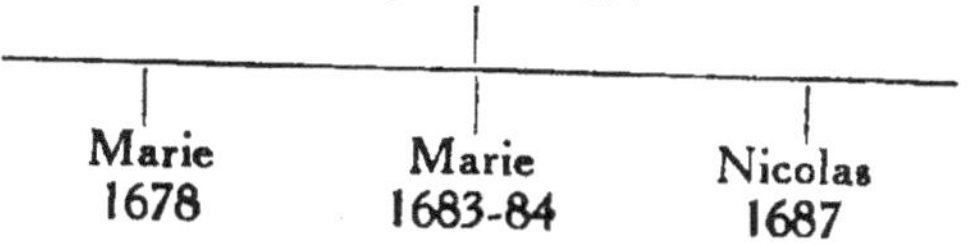

Pierre CHAMBRELENT -- Marie **AUTIN**
18 janvier 1677

| Marie 1678 | Marie 1683-84 | Nicolas 1687 |

SACY-LE-GRAND

Mars 1614 : **Balthazar CHAMBRELAN,** parrain d'un enfant (acte illisible).

Mars 1617, juillet 1617, avril 1626, juin 1633 et février 1643, mêmes actes illisibles.

En 1622 : baux consentis par l'abbé de Saint-Symphorien, du manoir et de la ferme de Malvoisine, au profit d'honneste personne Baltazard **Chambrelan,** laboureur, demeurant à Sacy.

3 octobre 1651 : Mort de Louis Gaton, pauvre mendiant de la paroisse de Milly et mort de son fils, trois ou quatre mois après, chez Baltazar **Chambrelan.**

Juillet 1661 : Baltazar **Chambrelan** est décédé à La Bruière, le 26 juillet ....., sa sépulture en l'église de Sacy.

RONQUEROLLES

Claude CHAMBRELEN, laboureur à Ronquerolles, figure dans
l'assistance, au mariage, en date du 30 décembre 1627,
d'Anne Chambrelen, fille de feu Antoine Chambrelen, laboureur à Airion.

CATENOY

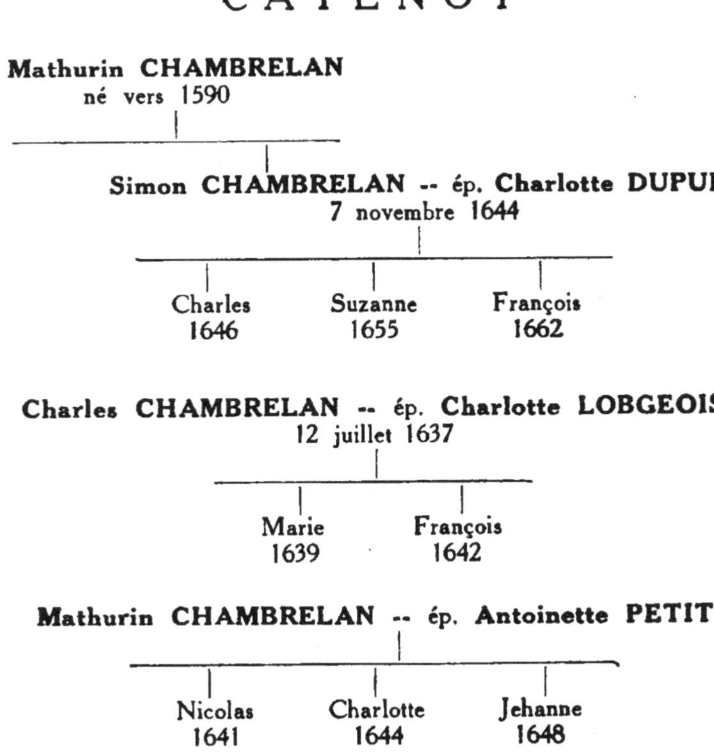

SAINT-ANTOINE

(Hameau situé entre Fitz-James et Catenoy)

7 novembre 1708 : **Sébastien CHAMBRELEN,** charron à
Saint-Antoine-de-Catenoy, devient détenteur d'un petit fief
sis à Catenoy, près de Saint-Antoine, et du fief Sainte-Barbe.

NOIREMENT FROISSY

Melon LECOQ -- Margueritte CHAMBELLAN

Bail consenti par les religieux de l'abbaye de Saint-Lucien au
profit de Melon Lecoq, de la ferme de Noirémont, près
Froissy, le 17 novembre 1736.

LA B[

Flourent **CHAMBRE[**
(1650-1742)

Pierre	Marie	François	Pierre
1680	1682-1724	1685-1769	1689-?

Descendance de Nicolas [

Nicolas CHAMBRELE[
le jeune

Antoine	Nicolas	Charles	Marie-Marguerite	Louis-Arthur-Anthoine Rieul	Mari[Ph[
1717-1718	1718-1765	1720-?	1721-?	1725-?	177[

Louis-Théodose Chambrelent
1773-1844
ép.
Anne-Pauline-Aimée Lechevalier

	Agnès-Félicité	Maxence-Zélie	
	1775-1794	1776-1803	

André-Sainte-Catherine-Louis-François Chambrelent
1815-1875
ép.
Louise-Raymonde-Thérèse Damonal

Jules-François-Hilaire
1817-1893

Louise-Améphine	Louise-Mathilde	,Marie-Carol[
1841	1845	1846

(*) Les Chambrelent de La Bruyère forment une famille très nombreuse. (Voir : Perrenot Le Chamberlant, Chap. VI, *Les Vignerons de La Bruyère*.) Nous ne citerons ici que la descendance des personnages dont il est question dans le présent ouvrage.

ÈRE (*)

ép. **Marie TASSART**
(1657-1743)

...las l'aîné ...1-1753	Nicolas le jeune 1694-1748	Jacques 1697-1743	Anne 1700-1759

...ENT LE JEUNE, *5e fils de Flourent*

ép. **Marie-Louise DAMIEN**

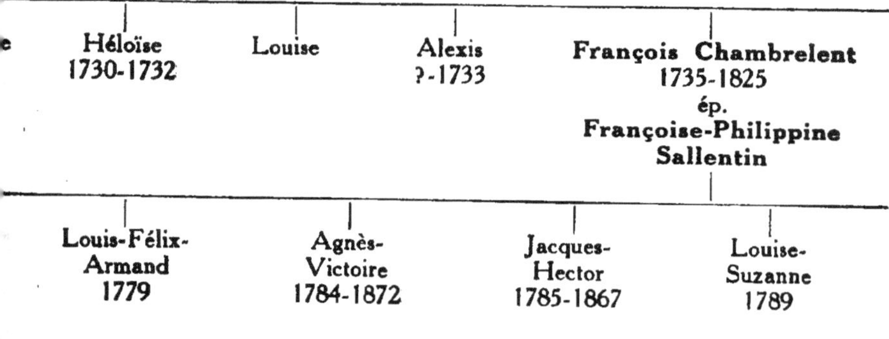

...e	Héloïse 1730-1732	Louise	Alexis ?-1733	François **Chambrelent** 1735-1825 ép. **Françoise-Philippine Sallentin**

Louis-Félix-Armand 1779	Agnès-Victoire 1784-1872	Jacques-Hector 1785-1867	Louise-Suzanne 1789

...rançoise-Catherine-...e-Maxence 1818-?	Louis-François-Théodore 1820	Marie-Maxence-Apollonie 1822-1881

Louis-Charles-Henri 1850-1852	Marie-Louise-Pauline 1851	Paul-André-Jacques-Jules **Chambrelent** 1852-1898 ép. **Madeleine Delorme**

Thérèse-Louise-Juliette	Suzanne-Louise-Émilie	André-Auguste Paul	Madeleine-Alphonsine-Thérèse

Jacques **CHAMBRELENT** --ép. en 1ʳᵉˢ Noces : **Marguerite THIER**
ép. en 2ᵉ Noces : **Françoise VUARNIER**

Marguerite	Geneviève-Françoise	Marie-Françoise
1738	1739	1741

Jacques	Marie-Marguerite	Marie-Claire	Julie
1767	1769-70	1770	1772-1774

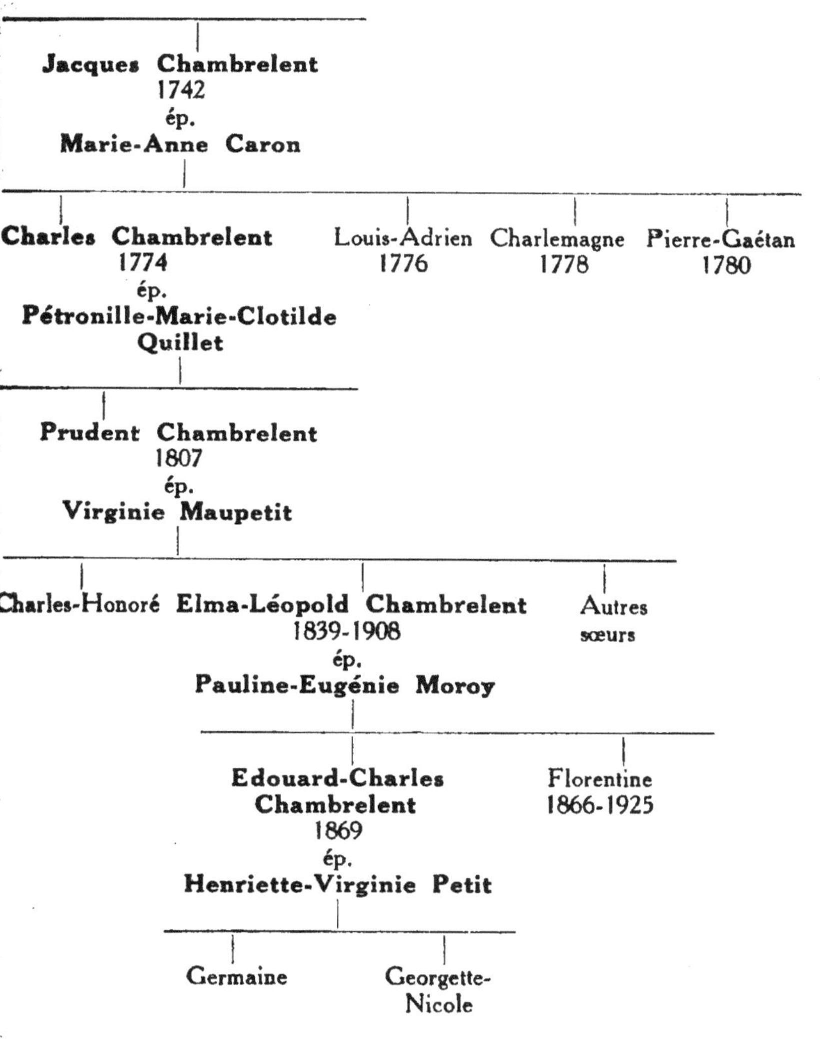

Jacques Chambrelent
1742
ép.
Marie-Anne Caron

Charles Chambrelent
1774
ép.
Pétronille-Marie-Clotilde
Quillet

Louis-Adrien
1776

Charlemagne
1778

Pierre-Gaétan
1780

Prudent Chambrelent
1807
ép.
Virginie Maupetit

Charles-Honoré

Elma-Léopold Chambrelent
1839-1908
ép.
Pauline-Eugénie Moroy

Autres
sœurs

Edouard-Charles
Chambrelent
1869
ép.
Henriette-Virginie Petit

Florentine
1866-1925

Germaine

Georgette-
Nicole

TABLE

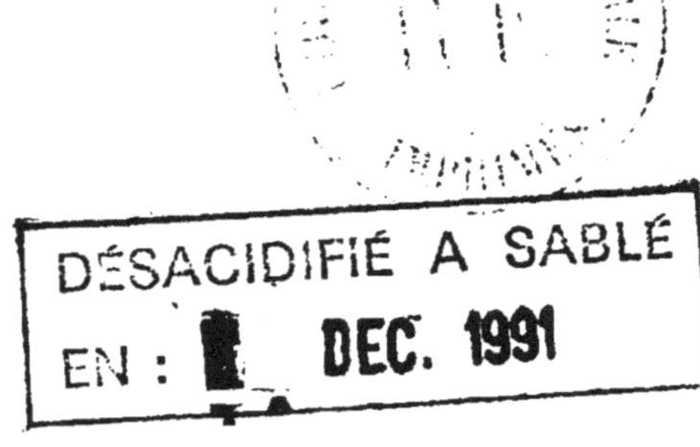

ACHEVÉ D'IMPRIMER
LE 5 JUILLET 1926
PAR LES
ÉTABLISSEMENTS BUSSON
23, RUE TURGOT, PARIS,